家族
記憶

——百年家族的文革歷史實錄

昌言・著

家 族 記 憶

C · O · N · T · E · N · T

「不經反思的人生不值得活。」

——蘇格拉底——

「一娘生九子，九子九、八樣。」
「人幹著，天看著。」

——民謠——

「為什麼我的眼中常含淚水？
因為我對這土地愛得深沉。」

——艾青——

引子

從西陵峽口到巫山縣老城，在這段絕壁突兀、曲裏拐彎的長江北岸，次第流淌著三條美麗的支流：大寧河、神農溪、香溪；數發源於神農架的幽秀香溪，流徑最短。

可別小瞧了香溪：全長不過百餘公里，卻是楚大夫屈原和漢明妃王昭君的出生地。

詩人的家鄉叫樂坪裏，在香溪下游、七里峽的盡頭。

美人的家鄉叫寶坪村，在香溪的中段。

屈原祠和昭君宅一帶的百姓，吃的、用的都是香溪水，兩地相隔不到五十華里。

據縣誌上講，香溪是因為「昭君恒於水中浣紗，溪水盡香」而得名。這一帶大山裏，好多千百年傳下來的地名，亦頗具文氣，如「孔子河」、「夫子岩」「學堂坪」、「紙廠河」、「書洞」、「筆架山」、「硯池河」、「狀元墳」……明末清初，這兒曾是「小闖王」李來亨血戰清軍的最後帥府；溪水東南方向，綿延數百平方公里的絕壁高山之中，至今還殘存有好多座中國軍隊為抵抗日寇而修築的鋼筋水泥碉堡……

由著香溪水畔凸凹不平的古老驛馬官道匯入長江西陵峽的入口處，順河谷逆流而上約三十多公里，便到了被五彩鵝卵石河灘所拱托的高陽古城。

小城傍山而築，有兩萬餘人丁。站在古老的城牆上極目遠眺：綠樹撐著白雲，高山在藍天的撫媚之下緩緩俯伏；香溪從城南流過，魚兒打破時光的流速，招搖於清澈見底的溪水中，竟像置身於亮晶晶的高天上！

世事滄桑，物換星移。自從三峽大壩蓄水之後，高陽古城早已淹沒在庫區的水底，輪船的汽笛聲亦開始在幽谷間回蕩……

從封建專制的大清王朝，到中華民國，到中華人民共和國——處於新舊交替年代裏的二十世紀，註定會風雲變幻，思潮洶湧，多災多難……

自父親於「反右派鬥爭」中入獄，到「四人幫」倒臺前夕，我們家幾乎一直掙扎在風雨飄搖狀態中。親戚或者街坊鄰居們，投過來都是憐憫或者同情的目光。母親整日低垂著頭疾匆匆來去，腳不停手不住，為全家老少七口的飽暖奔忙……

光陰似箭，轉眼就是百年。二十世紀的那些變革、激情、歡樂，以及無數的磨難、坎坷、折騰，對於國或者家而言，已經都成為歷史了……

知道我打算寫那些往事，八十三歲的母親微微笑說：「平平凡凡，有啥好寫的？況且好多家庭，大多都這麼磕磕碰碰過來的。『不幸的家庭各有各的不幸』。……要說起來，你的那幾位沒見過面的左、右派外公，倒各具個性，都是有故事的人哩！」突然，母親習慣性地、大概又考慮到所謂意識形態諸方面的因素吧，一臉兒笑囑咐說，「不要寫怨恨，要讓人讀後感到溫暖。比較而言，我就更愛讀質樸溫柔的故事，不喜歡令人心驚肉跳的場面……」

說上面這段話時，母親剛巧雙手捧法國女作家喬治桑的小說《魔沼》；為了強化自己的願望，還極虔誠地朗誦了書中的一段話：

「我希望生活是美好的。拉撒路（一個生瘡的乞丐，病臥
在財主門口的糞堆上，死後由天使領入天堂，事見《新約
路加福音》第十六章）應當離開他的糞堆，窮人也不必因
財主的死而欣喜。人人都應該幸福；那麼，某些人的幸福
也就不會成為罪惡，受到上帝的詛咒。」

第一章

1

二十多年前吧，么舅給外公、外婆立碑的那天，我記得天氣真是好極了。

地處鄂西神農架大山餘脈的這一帶屬半高山，林木茂盛，地廣人稀……是中午，林莽深處的黑蔭灣，潮潤而荒涼，望不到邊際的松樹撐開一柄柄遮陽大傘，山風夾帶松脂的清香暖融融撫面，似在催人暇想；小塊雲朵投射下來的淡淡影子，沿草坡緩慢移動著，鳥兒好像也午睡了，四周靜悄悄的……

如遠古一般寂靜的老林，突然間，聚集攏好幾十或從縣城、或從遠方來的男女老幼，鞭炮、禮花「嗶嗶呼呼」燃放了好一陣子，白煙在墨汁般暗綠的樹梢頭繚繞，半天散不開；驚起一大群灰喜鵲，撲漉漉飛往稍遠處的另一片松林上空，哇哇喳喳盤旋著……

祭禮在傳統禮儀中，曾被稱作「人生第一吃緊事」，慎終追遠，「事死如事生」，是維繫家族的槓杆，也是慰藉心靈的一劑良方。

因為剛剛過罷春節，更因為要鄭重其事，我們兄弟姐妹幾家，和幾個舅舅家、姨媽家的兒女們，儘量盛裝整潔。兒子和幾個小侄兒、侄女，大多第一次來鄉下，目光左顧右盼，嘰嘰喳喳尖叫，看什麼都新鮮。鞭炮響過之後，所有的人依照古訓，按長幼順序，表情肅穆，次第走到墳頭，緩緩地蹲下身子，焚香燒紙錢，一跪三叩首。上前時，要求彎腰垂首，態度謙恭，退下來的時候，則要像聽到吩咐聲，面帶敬齊之色……

　　禮畢，男人們手牽著娃兒，散開到林子裏，開始去撿拾乾柴準備生篝火，女人們則將從各自家裏帶來的熟食、涼菜、白酒、飲料，在墳前岩板上擺開；相互間小小聲說著些憶舊的話，臉色逐漸回暖，不過仍略帶點淡淡的哀傷。

　　我曾從一本名叫《帝京景物略》的老書中，讀到過對祭墓情景的描繪：「……轎馬後掛楮錠，燦燦然滿道也。拜者、酹者、哭者、為墓除草添土者，焚楮錠次，以紙錢置墳頭。哭罷，不歸也，趨芳樹，擇園圃，列坐盡醉，有歌者，哭笑無端，哀往而樂回也。」活脫脫像在描摹我們那天的情景……反正草地上的野餐吃到後來，祭祀已有了讓長眠地下的外公、外婆，分享晚輩們幸福生活的「上喜墳」意味，甚至更像一次踏青遊玩。娃兒們快樂如脫兔，滿林子歡蹦亂跳，大人們的臉龐也漸漸被酒精燒成了紅色……

　　黑蔭灣真稱得滿目青山！山不高，綿延起伏，中間夾一條蜿蜒的細細溪流。松樹們因為生長得如竹林一般密密麻麻，太擁擠，只能拼命竄高來追逐陽光；林間積壓著怕有半尺厚的經年松針，呈紫褐色，腳踩著比羊毛地毯還舒服！中午過後，八哥、斑鳩、灰喜鵲，土畫眉們，棲高高的樹梢上唱起歌來，鳥音遙遙，似天外飄落……由於透漏進來的陽光太少，五歲的兒子一時興奮，脫口喊出「山上刮著綠風」的漂亮詩句，令我好多年之後，還引以為驕傲。

　　記得外婆在世時也講過：「從前，這地方滿山都是水缸粗細的松樹、白楊樹、花櫟樹、野櫻桃樹，小溪溝邊竹園裏，楠竹、金竹、苦竹，差不多也有菜碗粗！抗戰時期，百多裏外的霧渡河、界

嶺就是前線，光從校場壩到黃糧坪一帶，就駐紮有上萬人的軍隊。
部隊來來去去，把竹子都砍光了，粗松樹也砍得差不多了⋯⋯」

一八九六年，外婆出生在興山縣城關一戶殷實人家，民國初
年，才嫁到黑蔭灣這個家境正蒸蒸日上的地主院落。

這院落的老主人，前後共娶過三任妻子。外公是長房長子，
還有個同胞姐姐，和同父異母的三個弟弟、一個妹妹。三世同
堂，總共有二十多口人吧。家中長年雇有多名廚師、廚娘、女
傭，以及好幾個擔水，砍柴，養馬，打掃庭院的壯實雜工。

老宅子掩映在一望無際的黑松林之中，坐北朝南，呈臺階形
佈局；站對面山頭遙望，其地貌極似圈椅形狀，是傳統的所謂風
水寶地，宅基地南面用粗大花崗石築就高坎，坎沿上有乾打壘、
頂部蓋薄頁青石板的院牆。院牆西頭有個不大的樓子門，面南而
略微向西傾斜。順大青石砌的臺階拾級而上，便登上了住宅前的
大場壩。

大場壩的左右兩頭各有三間乾打壘低矮瓦房，左邊的供廚
師、女傭、雜工住宿，右邊作馬廄、牛房、豬舍。中間的場壩用三
合土夯實，約一個籃球場大小，專供家人散步，或娃兒們嬉戲；到
「抗戰」中、後期，外公那位從北平衣錦榮歸的退役軍官二弟，偶
爾也邀約來客在這兒打打網球，一度引得好多山民爭相圍觀⋯⋯

從場壩又往上步五級大青石臺階，即達院落的第二平面。兩
頭亦延續第一層的格局，各圍繞一個兼具採光和排水功能的狹長
天井，築有多間諸如烤火房、大廚房、酒作枋、傭工的吃飯屋、
薰制臘肉的烘房、加工大米的碾房、擱置鋤頭、犁、耙的工具房

等等矮屋。中間為主房區，是典型四合院結構，大天井的兩側，建有若干間小廂房，供來客時入住；南面是大餐廳，東側為老主人王興安的昏暗的臥室。

北面的堂屋大而深，是私塾所在地，鋪有厚松木地板。木門扇上精工製作細密的小花格紋飾，還鏤空雕有《孟鐘哭竹》、《王祥臥冰》等傳統孝子故事。靠北牆置一長案，上面擱一鼎青銅香爐和兩座銅燭臺，牆上掛孔老夫子的黑底白線條拓相，和寫在紅紙上的「天、地、君、親、師之位」七個大字。

堂屋兩邊各有幾間大房屋，分別供外公和他的退役軍官二弟兩房家人居住。

這個地主家族的上升勢頭，一直持續到西元一九四九年。其巔峰時候，整個大家族所擁有的山林、田產，和銀元、銅錢，實際上，幾乎可與縣內首富比肩！

隨著疾風暴雨般的「鎮反」、「土改」運動全面展開，家族中的壯年男人被殺的殺，抓的抓，散的散。到最後，外婆也給趕進一間破廈屋，自食其力，又活了三十多年。

外婆留我腦海中的最初印象，是一九六一年左右（聽母親講，我出生時鄉下還沒有鬧土改，外婆曾帶著么舅坐軟轎來過）——那是個大饑荒，餓死人的可怕年代。母親為了一家老少能活下來，再也顧不得政治上要同外婆劃清界線，顧不得子女可能遭受連累，經常帶著十二歲的我、和七歲多的弟弟，由城關步行大半天走到黑蔭灣，從外婆居住的破廈屋裏，搬運點老南瓜或嫩紅苕，回縣城家中度命、充饑……

外婆那年六十多歲，仍須日出而作，日落而息。她身材高挑，腰板挺直，挖田，砍柴，走路，騰騰一陣風！說話也爽朗，性情也樂觀，完全不象遭受過那麼多苦難的女人；雖然衣褲上綴有的各種花色舊補丁多達二十多處（我從小就是個注意細節並十分認真的男孩），兩隻布鞋上也有五處補丁，但每處補丁都平平整整，針腳勻稱……

記得立碑那天，姐姐也說起一件往事：上世紀六十年代，剛剛進縣文工團沒多久的姐姐到鄉下演出，一時心血來潮，不管不顧似的，竟悄悄約了三個與她同齡的夥伴，順山路去黑蔭灣探望外婆。外婆當然完全沒有料到，好高興啊，拉著外孫女的手一個勁兒撫摸，還給她們每人煮了四個荷包蛋……如今的人不知道：十六個雞蛋，對於哪怕去掙一分錢（當年，棒勞力一天的分值是几分錢）都特別困難的鄉下老地主婆，那該是多大的一筆財產啊！它意味著外婆可能因沒錢買鹽，十多天得喝淡菜湯；因為買不起煤油，點不起燈，一個多月只能夜晚「打瞎摸」！

外婆已經習慣「將所有的事都自己扛」，她甚至會爽朗地安慰你：「嘿嘿，淡菜湯蠻好喝哩！再說，又不去打牆背糞下苦力，要吃那麼多鹽幹啥？」

說到吃，突然想起一個古老故事，說三伏天裏，太陽當頂時，一個鄉下女人在田間鋤包穀草，累得大汗淋淋；肚子也開始「咕嚕嚕」叫，送飯的卻仍望不到影子。強忍著又鋤了一會兒，農婦伸直腰板感歎：「還是當皇后娘娘好哇，大熱天可以躺在樹蔭裏睡懶覺，醒了後覺得餓，喊一聲：『太監，去給我拿個柿餅來！』」

有誰能告訴我，農婦的小小滿足和皇后的無邊欲望，哪一個更接近生命的本源，或者說人世間幸福的本意呢？

但凡經歷過「三年自然災害」的人，大多都飽嚐過饑餓的滋味：空蕩蕩的胃灼熱刺痛，彷彿塞滿燒紅了的鋼針；看見別人嘴巴動，口中便涎水漫漫，眼睛瞪圓圓地冒綠光……

其實，那幾年全國鬧饑荒，幾乎所有的人都在挨餓，更別提像我們這種、有著一個被關進勞改農場的「右派」父親的「黑五類」家庭了。饑餓的滋味，忍一忍捱過去——反正大家都一樣，倒並不覺得太難受。

關鍵是：那時候以階級鬥爭為綱，「血統論」橫行，凡屬「五類分子」（指地主、富農、反革命、壞分子、右派。「文化大革命」中又加了「走資本主義道路當權派」、「反動學術權威」，於是統稱「黑七類」。）的子女，以及與「黑五類」沾點如姑啊、舅啊、姨啊等親緣關係的人、有親人在海外生活的人……他（她）們在諸如讀書、考學、當兵、就業、婚姻等等方面，理所當然，統統會遭遇歧視，作不成平等的人。

比如我吧，二十八歲時還單身。不過，倒也不太想婚姻這事兒，覺得倘若生個兒子仍需背負「可以教育好子女」的標籤，反而怪沒意思。

到了上個世紀七十年代末，以階級劃線的政策開始稍微鬆動。外婆終於可以來我們家小住，八十一歲吧，耳聰目明，行走仍騰騰一陣風，說話依舊那麼無遮攔：

「⋯⋯海娃子，你也老大不小，該找個媳婦了。記往啊，千萬莫找農村姑娘！農村的姑娘走路，連襠都分不開哩！」

直到現在，這句話都會讓我忍不住要笑，同時感到溫暖。外婆不過曾在清末、不過在鄂西大山褶皺裏的小縣城中牛活了十多年，出嫁之後，作為守舊地主家庭的長媳、長嫂，吃苦受累，忍辱負重，還未等熬成婆，冷不丁又成了受盡欺凌的地主婆⋯⋯

一個出生於小縣城，結婚後，在鄉下的林莽泥水中，屈辱地掙扎了近七十年的老太太，怎麼還殘留有這種我行我素，至死都不服輸的氣概呢？

2

到上世紀九十年代，在我們這個地處偏遠的山區小縣，少數「先富起來」的主兒，漸漸也擁有了或十萬、或八萬的家產。有一天，其中的幾位，在一家星級賓館喝酒吹牛，正聊得熱火，就聽一個人醉聲嚷道：「要說比家當，比銀子多，你們有哪個，能比得過當年的王興安？有哪個比得過王興安？！」

所說這位「當年的王興安」，就是我外婆的老公公。

聽母親講：王興安身高大概在一米七以上，腰板略微有點兒弓；起床後，右手就握著一杆玉石煙嘴的長竹杆紫銅煙袋，像監工防賊似的，成天滴溜著眼珠，在走廊裏或者門前的曬場上轉悠，臉上極少露笑容。

母親不太喜歡她爺爺，說他待人刻薄，處世冷酷，打麻將輸了絕不下場子，錢財只進不出！母親回憶說：「每年收核桃時，

曬場上攤滿了晾曬的核桃。爺爺捧著長煙袋坐旁邊守護，孫兒孫女們想吃一個都不行！他住的大房屋有三十多平米吧，擺著兩張大床和一張大書桌；靠牆還擺著好多木箱，裏面裝的全是銅錢和銀元！有那麼多錢，家裏一日三餐，能有肉吃的日子屈指可數，多數時候是米拌包穀面的飯，洋芋片、蘿蔔、魔芋、松菌、懶豆腐。夏天來了，從來捨不得給我們縫件細洋布短衫……」

這個家族大概崛起清末吧，到民國初年，在張家河、黃糧坪、鄒家坡、老龍洞、賈家嶺等等地界，都置有田產山林，每年收佃農們交上來的田課（包穀、稻子、小麥）就有約四百多擔，還有山林裏出產的香菌、木耳、核桃、桐油等等，都是成千上萬斤的收攏，打包，然後販到宜昌、武漢，甚至香港去牟利。

山裏人質樸、單純，重仁義，所謂商品意識，直到上世紀八十年代，才稍稍有了點兒長進。這可能也是那個年代裏，少數有經濟頭腦的人得於發跡的原因之一吧。中國的民間，哪怕它山高水遠，窮鄉僻壤，歷來彌漫著封建的傳統意識形態。不言利，羞談錢等等，「榜樣」很多，久而久之，甚至都融進了若干習俗之中。

記得我小時候，就知道一句流行甚廣的俗話：「路邊的瓜果，吃不吃由我！」意思是過路人若飢渴時，可隨便摘取，主人不得干涉。即便到了改革開放，千年被束縛一朝釋放，把人拉變形，弄錢不擇手段的現如今。倘若你走在曲曲彎彎的山道上，仍會發現：一些偏遠山道旁的細眼小水井沿坎上，總擱有乾淨的缺

口小碗或者舊葫蘆瓢，以備行路人口渴時之需。山民的好客和善良，由此亦可見一斑……

母親偶爾回憶起往事，時常感歎，說收課的日子，收曬山貨的日子，大曬場邊擺幾口大鍋煮飯，佃農們來來往往忙碌，熱熱鬧鬧像趕集！「……賣糧食賺的錢，賣土特產賺的錢，到最後，統統都要交歸爺爺支配。」

王興安吝嗇，用錢摳搜是有了名的——再補充點細節：自從他的大兒子（我外公）開始替他分擔管理田莊山林等日常事務之後，他的工作，就是將買賣賺來的成捆成箱不保險的紙幣（聽老人們講，民國初年，軍閥割據，濫發紙幣，而每一種紙幣流通不多久，就又會隨著它主人的垮臺，而被禁止流通）換成銅錢，然後又將一麻袋一麻袋的銅錢換成大洋。銀元的主要用途，就是拿來買更多的山林和田產，剩餘的，全裝進了一個個木箱中。

從清朝末年到民國初年，尋常人家倘若立志創業，正如古訓所雲：「發財好比針挑土！」其道路將十分的漫長而艱難。王家的這份產業，可能正是由於王興安的精於算計和摳搜，而且從小處著眼，才比較快地積攢起來的吧？後來家境雖然日漸富裕，由於腳趾上剛褪去泥痕，心靈裏仍殘留有老繭；就像挨過太多饑餓的動物，多年習慣成自然，仍會不顧一切地屯積食物——錢財在王興安的眼中，到死都如天一般大！

他對自己也摳：他的那位畢業於保定軍官學校，曾在馮玉祥部任中校參謀的二兒子，給他捎回的虎皮大衣、羔羊皮襖、駝絨毛毯、狐皮外套等奢侈物件，除每年夏天拿出來曬曬，一直鎖在衣櫃裏捨不得穿。

擱在手邊頭木箱裏的那些看得見、摸得著的銀元和銅錢，是王興安唯一的驕傲。他惜財愛物，是從心底真捨不得，摳搜起來，對人對已一個樣。

他自己就一年四季穿土布長衫。母親說過：「爺爺的那件土藍布長襖，一穿好多年！髒兮兮的看不清紗，襖面子像剃頭匠的蕩刀布一般泛油光！而虎皮大衣、羔羊皮襖、狐皮外套等等，土改時，被農民從大衣櫃裏抄走時，都還是嶄新嶄新的吶！」

王興安有四個兒子。他倒是嚴格遵循「耕讀傳家」的老古訓：讓作為長子的我外公，一直呆身邊幫忙管理田莊，照料家業；剩餘的三位，先在家中讀了幾年「專館」，從上個世紀初開始，又都次第給送到外面的洋式學堂裏繼續深造：老二讀的保定軍官學校，老三投的黃埔軍官學校武漢分校，老么考進的是北京大學土木工程系。

母親回憶說：「……爺爺那些年，供二爹他們三兄弟在外讀書，其實內心也極其捨不得。每次安排人往外寄錢之後，爺爺總會心情不好，罵罵咧咧地煩惱好一陣子。」

我大舅也說過：「爺爺一年幾趟地往河北、武漢、北京彙大洋，整他們三兄弟在外面讀書，錢可花老了！」大舅一九四九年十月一日之前投身革命，作為共和國第一批帶薪餉讀書的年輕國家幹部，一九五六年畢業於中南礦冶學院，隨後被分配到當年屬亞洲最大的瀋陽冶煉廠工作，一九五七年，因妄議國事而劃為極右派，發配到某勞改農場，又輾轉至甯古塔……少小離家老大回，說話一直帶很濃的東北味。

　　所謂「專館」，也就是私塾。母親她們家族的「專館」，辦了有不少年頭，前後換過好幾位先生；外公那一輩、母親和大舅那一輩，都是在「專館」裏接受的啟蒙教育。

　　囿於「女子無才便是德」之古訓，「專館」裏從來只送男孩，原本一直不讓女孩識文斷字。兒時的母親雖然膽子不大，但執著倔強，遇事有主見。大舅是八、九歲左右進的「專館」吧。那年母親十二、三歲，纏住她爺爺王興安哭著鬧著，不依不饒，也要去讀書。王興安也固執，說什麼都不允許。最後，還多虧母親的退役中校二爹、和「北大生」么爹出面，經過多次地干預交涉，最後才如願以償。

　　「專館」除了教授本家的子弟，偶爾也收幾個莊戶人家後生就讀。外姓後生們每半年的學費，有個專用名詞叫「斗米二斤」：指的須交一斗米，一斤油，一斤鹽，一斤煙給棻老先生。據母親回憶，同她和二姨媽、大舅一起讀私塾的外族少年，有李章彬、王西義、工漢佳等幾位。王西義「土改」期間參加民兵，「文革」後期官至縣委副書記。王漢佳大概是第四野戰軍某師駐防縣城時參軍的，改革開放初期，我們曾在廣州見過，當時他剛從省委某小車隊隊長的任上退休。李章彬與我一度有書信往來，聽說在臺灣算小有名氣的書法家哩！

　　仔細想想，這三位曾就讀於地主家「專館」的窮家少年，基本稱得「知識改變命運」。

　　同母親一起讀「專館」的，算上那幾個外族子弟，一共有八、九個人吧。教書的「先生爺」身著長衫，雙手捧書卷，搖晃著身板抑揚頓挫導讀。學生們咿咿呀呀跟著念，並不求甚解。到下午，學生必須背出上午所頌的內容，背不出便要被戒尺擊手

心。母親兒時就要強，加之讀書的機會來之不易，她學得格外專注認真。據大舅回憶，三年「專館」期間，我母親是唯一沒有遭受過戒尺打手掌的學生。

關於老派地主王興安的兒子們後來各自的人生道路，待會兒再細細來講述。但出生於富裕家庭、且三位受過高等教育的這四兄弟，其最後結局，都與老地主的大量金錢付出，和企盼升官發財、光宗耀祖的願望相去甚遠：由於或者受家族裏積攢的過多財富所累，或者偏偏要去跟那佔有財富的富人階級作對，他的四個兒子中，竟然有三個人未得善終，或先或後，橫死在了老父親的前面……

只有那位考上北京大學，畢業後卻一直東躲西藏，極少歸家的么兒得於壽終正寢，不過也僅落得窩窩囊囊在宜昌市某小學敲鐘，苟活到了上世紀八十年代。

財富這玩意兒，雖然生不帶來，死不帶去，的確令人們又恨又愛，說不清楚。古往今來，富貴者企圖維持現狀，貧賤者渴望改變現狀，於是就造反，就鬥爭，富貴輪回；「一些階級勝利了，一些階級消滅了」……富人、窮人，自古形同水火！

前幾年，我在一本書上，讀到過一段有趣的對話，現抄錄如下：

「……孫子問：『爺爺，強盜是壞人嗎？』

爺爺說：『對於有錢人來講是壞人。』

又問：『有錢的人是壞人嗎？』

答：『對於窮人來講是壞人。』

孫子說：『我恨有錢的人！』

爺爺微微笑擺手說：『快莫要亂講。說不定哪一天，我們也會成為有錢人哩！你想不想？』

孫子說：『想！——哎呀爺爺，我可給搞糊塗了！』」

王興安早年，是不是也像這個既恨有錢人，同時又想成為有錢人的窮家娃兒？作為典型守財奴性格的人，他生到這個世界的唯一目標，就是將家業擴大再擴大，把錢財攢多再攢多！他做得分外專注，可以說願望基本上也達到了。

他大事不糊塗，在「亂世英雄起四方，有槍就是草頭王」的民國初年，能毅然決然花大本錢，讓三個兒子外出求學，實屬頗有遠見之舉動哩！

然而在日常生活瑣碎事情方面，他又囿於古訓，過於摳門和節儉，家中除了田莊、山林、銅錢、銀元，和木床、木箱、大木櫃、木盆、方桌、板凳、三屜桌、鐵鍋、飯碗、菜碟等生活必需品之外，基本沒有置下啥像樣兒的家俱；由於太專注於錢財，同兒孫輩之間亦基本沒有、似乎也不屑去作有效溝通，以至活下來的後人中，極少有說他好話的……

後來時局變幻，令他完全始料未及。上世紀二、三十年代前後，兩個思想左傾，嚮往革命的兒子：「黃埔生」老三，自「廣州暴動」之後就沒了影蹤；「北大生」老么，好多年裏也差不多與家庭斷絕了往來，彷彿人間蒸發一般……

到了上世紀五十年代初，轟轟烈烈的「土地改革」運動和「鎮壓反革命」運動接踵而至。他身邊的大兒子、二兒子，又次第死於非命……三個早已嫁進縣城的女兒，那陣子更是終日惶惶，自顧不暇，與娘家完全斷了來往。

　　白髮人送黑髮人，王興安內心的絕望和悽愴可想而知。七十多歲的老地主或許已經麻木，懶得去多想……最終，還是被翻身了的貧雇農掃地出門，成了身無分文的窮光蛋！

　　由於在生命最後的十多年裏，王興安所扮演的，其實只不過是「銀元保險箱」，或「家族董事長」的角色，並未直接參與催賬放貸，以及管理田莊和山林。最後幾年，他那雙細腳桿，幾乎就沒走出過老屋那院落──沒有被拉出去槍斃，已屬萬幸。

　　但要活下來也不容易，他手無縛雞之力，除了視錢如命，不會半點謀生的小手藝，甚至討好人的小伎倆。勉強又熬了差不多兩、三個月吧，王興安終於餓暈在尋人討要飯食的山道旁，最後，死在了一處水田坎下……

3

　　據母親回憶，她的二爹（也就是曾在馮玉祥的西北軍任中校參謀，後來又在張自忠將軍的二十九軍供職的那位軍人）榮歸故里之後的那段日子，閒暇時，有好幾次同家人講起在宛平城和台兒莊與日寇作戰的親身經歷，憂心忡忡繪聲繪色，講得淒慘壯烈……講到末了，總是一臉的茫然和痛苦……

　　一九三七年七月七日夜間，侵華日寇突然攻擊宛平縣城之西的盧溝橋，喊殺聲與刀槍聲交響於永定河上。至九日清晨，但見橋上橋下，屍橫如壘！二十日午夜，日寇開始對宛平城猛烈炮擊，彈片與塵埃把宛平弄成了一座煙霧之城，軍民們被打得血肉橫飛……駐防的二十九軍官兵實在可歌可泣，重重的子彈袋、步

槍、手榴彈、大刀、雜糧袋掛滿了他們身上，日寇的大炮炸倒了前面的一批，第二批仍不顧死活挺身而上……

一九三八年三月下旬，日寇第十師團進攻台兒莊，中國軍隊以四十萬優勢兵力迎擊。僅僅經過數天鏖戰，台兒莊已是一堆堆瓦礫，幾乎被鮮血染紅了！萬千將士冒著日寇猛烈的炮火，從碎瓦頹垣中躍起，前面一排排倒下，後面的只顧踏著死者的屍體衝鋒。掩體被炸成焦土，池塘染成了紅色，到處是被炮彈片撕碎的豬、牛、房舍、家俱、瓷器，還有些手腳之類的腐骨……日寇的炮彈還在如雨點般飛來，衝鋒的人頃刻之間全部犧牲了。接著第三批，第四批，雖然被炸得血肉橫飛，仍英勇地往前衝……

「中校參謀」返鄉的具體時間，母親也記不太準確。我估計，大概是在中國軍隊退守武漢之後。究竟是不是因為負了傷什麼的？或者是經歷了兩場慘烈的大血戰之後，已經心力憔悴，甚至魂飛魄散？

母親稱自己那時太小，已經記不太清楚談話內容；但有一個畫面，在她腦海裏分明印像深刻：二爹架著二郎腿，端坐在太師椅中，談到日寇坦克的兇猛和槍炮的精利時，滿臉都是恐怖和難受，並噓唏感歎，「……真正是屍橫遍野，血流成河，死了好多忠勇的弟兄啊！倭寇們的武器裝備太精良了，威力實在太大……」

「中校參謀」卸甲歸田，衣錦還鄉，除了裝在挑夫箱子內的一些金銀細軟，和七條長槍、兩支短槍（那時候兵荒馬亂，山頭林立，窮鄉僻壤地帶的社會治安總伴隨著暴力和血腥。為防備殺

富濟貧的土匪或打家劫舍的「棒客」，大凡有錢人家，大多得弄
點武器自保）之外，還帶回來了一位山西籍的姨太太、一個早年
隨西北軍輾轉途中，出生於山西陽泉的兒子、和一個後來取名叫
「三樂」的少年勤務兵。

　　這位在大西北和北平行武、為官多年的人物，激流勇退，逃
離戰場躲回故鄉，雖然屬無可奈何、無處可去之舉，畢竟也給他
那守財奴、苦行僧般的老派封建地主家庭，吹進來一些都市資產
階級的享樂之風。

　　還得先略微介紹一下這個大家族的基本情況。我母親曾說
過：「……二爹是爺爺的臉面和驕傲。而你那出力管事最多的外
公，則是家中的受氣包。在他們四弟兄中，你外公雖然讀書最
少，不過，寫得一手好字，『往來毛賬』和『收支明細賬』都做
得漂漂亮亮。家裏大小事情都靠他出頭，跑腿；什麼都得去管，
就是管不到錢。」

　　王興安一直不太待見作為長子的我的外公，一直十分偏愛這
位當「中校參謀」的二兒子，其中還有一個重要原因就是：「中
校參謀」是王興安最喜歡的第三房太太「李家婆婆」所生。而身
為大房太太的外公的母親，很早就去世了。二房太太姓毛，性情
溫和，模樣一般，成天紮一塊圍腰布，默默呆廚房裏給大師傅們
打下手，地位不過如一個不用付工錢的女傭。母親說：「二爹、
三爹、么爹，都是李家婆婆所生。李家婆婆在家裏橫草不拿，豎
草不拈，什麼事兒都像懶得去操心，好像還抽點鴉片煙……」

　　「中校參謀」雖然面相稍嫌嚴肅，但待人處事平易低調，並
不太霸道。剛回來時，他腰紮武裝帶，一身黃呢戎裝，一度令質

樸忠厚的山裏人敬畏仰望；沒過幾天，軍裝入鄉隨俗，換成了灰青色竹布長衫，倒憑添了幾分儒雅。

由於日寇入侵，這位保定軍官學校早年畢業生的升官發財、光宗耀祖抱負，只能半途而廢。光陰似箭，已過不惑之年的他回首往事，禁不住黯然神傷。但是，比起那些被炸得身首異處的同僚，和粉身碎骨的兵卒，他總算撿回來一條性命！

他真是萬念俱灰吧，這才決定躲回鄂西大山褶皺裏的老家，重拾親情，再享天倫，「采菊東籬下，悠然見南山」，與世無爭，不過想舒舒服服了此殘生。

「中校參謀」畢竟呆北平、天津、陽泉、西安為官多年，見過大世面，享受過大富貴，幾乎完全不能忍受老地土這種穿土布，吃粗糧，用拼命摳門來積蓄錢財家業的苦日子。民以食為天，於是，他在回來半個多月後，也不同老爹商量，便不動聲色地首先從吃開始，對這個土地主家庭的生活方式進行改造。

他托人去在縣城裏，雇請來了當時稱得最好的廚帥掌勺，從根本上顛覆了他的父親王興安經常掛在嘴巴邊的諸如：「飯是度命的，不是爛糞的」，「吃不下飯是沒餓到的，睡不著瞌睡是沒累到的」等祖宗語錄，使餐桌上的飯食、菜肴，由「飽肚子」的單一物質作用，上升到文化和審美等精神享受層面，一日三餐在色、香、味上，發生了根本變化！

變化還包括文學、經濟、政治等方方面面：從東北回來探親的大舅至今還記得，他的這位退役中校二爹回家時，不僅帶回來好多諸如《抗戰文藝》、《野草》、《小說月報》等時令刊物，

還訂了《國民日報》、《申報》等暢銷報紙，定期有郵差屁顛屁顛地送往黑蔭灣……兒時的大舅，就是從這些報刊上，第一次看到了孫中山就任臨時大總統的相片，和袁世凱、張作霖、馮玉祥、蔣介石等國內大人物的著裝照片；第一次瞭解到山外的動盪不安世界，以及形形色色人們對這個世界的不同看法、還有五光十色的生活方式……大舅那時雖然年幼，對照片中攀附在大人物們身上的精美綬帶、軍帽上高聳的羽翎，和報刊文章裏所描繪的人物故事、主義思想等等，印象極其深刻，而且心嚮往之……

「退役中校」返鄉，對於這個地處偏遠的山區小縣，絕對稱得是一件大事。漸漸地，慕名而來的社會名流，或者趨炎附勢的鄉紳地主們，甚至包括新到任的縣長，書記官，都帶著隨從、跟班，或騎馬，或坐軟轎，樂呵呵地絡繹不絕前往拜訪，使得黑蔭灣這座原本冷冷清清，一年中難得有幾次來客的土地主院落裏，一下子竟門庭若市，也熱熱鬧鬧起來了。土地主王興安雖然說有錢，畢竟地位身份、學識修養跟這些權勢人物不在一個層面，大多數時候，也只配坐在角落裏怯生生軟綿綿地陪笑臉。看著平日巴結不上的大人物們，一個個都跟自己的二兒子稱兄道弟，他的內心，肯定別提有多舒坦了。

在最初的日子裏，僅「吃」的稍稍改變，就使「中校參謀」很自然便贏得了全家老少一致擁戴，成了全家人的驕傲。頻繁的交際應酬，可能也重新點燃了「中校」那壓抑心底很久的虛榮之心吧。他開始攜帶坐軟轎裏的夫人，自己騎馬，逐一回拜那些縣域內士、農、工、商中有頭有臉的人物。一來二往，大家都成了熟人，桌上劃拳飲酒，桌下高談闊論，成了他生活的主要內容，

和樂趣的唯一源泉。漸漸地，麻將打起來了，鴉片煙也抽上了；人變得越來越懶散，騎馬已經嫌累，於是，夫婦外出，一律都乘顫顫悠悠的軟轎……從外面帶回來的銀元，如流水一般，眼看就快要花得差不多了。

退役中校畢竟有氣魄、有主見。他客客氣氣約來大哥（我外公），和顏悅色地打聲招呼，回過頭，自作主張，使人將偏遠莊子庫房裏的糧食，或者桐油、木耳弄去賣掉一些；有時候也會賣幾塊田地，換些現錢來支撐排場，貼補日常用度……

母親經常說我外公像巴金小說《家春秋》裏面的老大覺新，忠厚老實，逆來順受。賣糧賣地這些事兒，他既不能阻止強勢的弟弟，又不敢讓父親知道。更因為事實上已經算「同謀」了，外公內心的壓力一定不小，甚至還可能有犯罪感！

好在那個時候家大業大，被二兒子悄悄地處理掉一點，還不至於太顯山露水。

從民國初年到三十年代中、後期，因為軍閥割據，軍人之間派系林立，戰亂連連！特別在小城市和邊遠小縣，地方長官大多由軍人兼任，縣長如走馬燈一般頻頻更換著；沒有槍桿子支持，不但幹不下去，甚至會丟了身家性命──根據一些文史資料所記載的情況，具有現代意味的地方行政構架，應該是自抗戰後期，才開始慢慢地建立吧？

閒居家中的退役中校當上縣參議員，大概也就是這個時候。

選舉活動對於剛剛從帝制中走過來的質樸山民，還是大姑娘坐轎頭一回。各種勢力人物因為自身或小集團利益，竟相擺

筵，招待奔赴四鄉八嶺造勢的心腹助手。到了選舉日，被驅趕來投票的山鄉農民，都自帶乾糧；畢竟千百年來被壓制在社會底層慣了，他們除了覺得好玩、新鮮之外，更多的是惶惑，和戰戰兢兢不知所措。為防止「舞弊」，選舉現場荷槍實彈，如臨大敵；場面鬧哄哄亂糟糟，不時有因投誰不投誰，而彼此之間大打出手⋯⋯

臺上的大人物們，還在滿臉嚴肅假正經。票唱到一半，縣政府突然發出警報：「嚴家山發現土匪！」匆匆指揮兵丁，將票箱搬進縣黨部的庫房⋯⋯

選舉不過如鬧劇，結果其實早掌握在了上峰手心！退役中校長袖善舞，同那時候的縣長、縣黨部書記，及各方勢力人物的關係都蠻不錯⋯⋯抗戰勝利之後的那段歲月，是他過得最舒心，最安逸的日子，是他生命旅程的最後輝煌！他請客，赴宴，吃酒，清談，高高在上悠然自得；第三位太太也娶上了，鴉片煙癮越來越大⋯⋯

這位二姨太太，來自鄰縣秭歸鄉下的一戶窮苦貧農家庭，皮膚微黑，性情活潑，模樣兒漂亮端莊；從一九四八年到一九四九年，每年都給退役中校生了個女嬰，唯一遺憾是沒有再添男丁⋯⋯大概是在四八年吧，退役中校又被委任為仙侶鄉的鄉長。他將帶回來的七條長槍拿出來裝備了鄉丁，開頭幹得還挺新鮮，感覺著管理這近萬人丁，竟比在張自忠將軍手下任中校參謀更有意思呢！

其實，自打歸鄉之後，他早就該看透了好多事情，何況幾年下來，日漸發福的他已經懶散慣了。他骨子裏所嚮往的，不過是閒適富足的鄉紳生活。新鮮感一過，好像皮球泄了氣，沒有幹多久，鄉長這頂烏紗帽就給玩丟了。

　　他反正倒也無所謂，父親王興安已是七十多歲老朽，在這個大家庭內，他事實上已經擁有了至高無上的權威。更何況土地、山林、財物等等仍舊多得無數，他愛怎麼大手大腳去花都成，理當悠然自得，還犯得著顧慮什麼？

　　一九五〇年六月，中央人民政府頒佈了《中華人民共和國土地改革法》。這年的年底，「鎮壓反革命運動」也在全國聲勢浩大地開展起來。

　　退役中校作為名聲較大的反動軍官，很快被民兵抓起來並押往了縣城。他想到自己少小離家，且解甲歸田多年，與新政權和村民都無太大的冤仇，完全低估了事情的嚴重程度。由於他的舊軍隊「中校參謀」身份清楚明瞭，屬於對局勢沒啥大威脅的「死老虎」，起初，新政權不過將他涼在牢牆內，暫時沒太理睬。

　　這其間，嫁在城關，已經育有一兒一女的我母親，還去縣監獄裏探視過她二爹兩次，母親說：「……剛解放那陣，對探監管得並不嚴。不像『反右』之後，要劃清界線，要擔心子女受到株連，都像躲麻瘋病人，避之猶恐不及，哪裡還敢去？」

　　據母親回憶，第一次時，退役中校正在牢房內推大石磨，磨包穀面。母親給他捎帶的是一碗肉片雞蛋炒飯……第二次再去探視，看見她二爹正和一隊犯人一起扛木頭。那是最後一次，母親遞給他兩包香煙。母親說：「二爹被關了半年，鴉片煙癮也關掉了。他氣色還不錯，笑眯眯蠻平靜，還以為自己沒啥大事兒，關上一陣子就會放出來吧？」

退役中校最終沒能走出牢房。在新政權召開的第一次熱熱鬧鬧
群眾集會上，和另外兩個前政權官吏一起，被拉到河灘上槍斃了。

4

由共產黨人張太雷、葉挺、聶榮臻等將領，於一九二七年
十二月十一日率領教導團、工人赤衛隊發動的廣州起義，與國民
黨軍隊經過三天三夜浴血奮戰，終因力量懸殊，於十三日被迫撤
出廣州。我外婆的三弟、一位長年往香港販賣木耳、桐油的年輕
商人，那幾天剛巧滯留在廣州。更巧的是，他竟在人頭攢動的街
頭，在疾匆匆大踏步奔走的起義軍隊伍中，一眼就認出了頸系紅
布帶，腰挎駁殼槍的我母親的三爹！

外婆的三弟和我母親的三爹自幼就認識，彼此一直十分要
好。他大喜過望又膽戰心驚，冒失地揮手臂高聲招呼，似乎想拉
他出隊伍行列。

母親的三爹回頭燦爛一笑，揮手作別，義無反顧隨大部隊朝
城北的觀音山方向跑步去了。當時，觀音山那邊正濃煙滾滾，火
光衝天，槍炮聲響成一片⋯⋯

這是母親的三爹留給家鄉親人的最後身影，從此再也沒了消
息⋯⋯

據文史資料上記載，廣州起義的主力教導團，就是由黃埔軍
校武漢分校的學生改編的，團長楊樹松為共產黨人，原系武漢分
校的教育長。

　　起義第一天還算順利，但很快，工人赤衛隊就遭到了停泊在珠江上的帝國主義軍艦炮擊。第二天，城北觀音山的爭奪戰，便成了勝敗關鍵。

　　守衛一方是教導團的兩個營，再加上由劉伯承帶領的一部分工人赤衛隊。而進攻的敵人，卻是張發奎部所屬的國民革命軍的兩個整編師！激戰一直持續到天黑，觀音山最終失守，起義隊伍差不多也都打散了……撤出市區的命令第三天傍晚才下達，最後，抵達撤離集結地黃花崗的教導團，和第四軍特務營（共產黨人梁秉樞任營長）殘部，加上部分工人赤衛隊員，僅僅剩一千多人；都太累，很多人倒地便睡著了。衣衫襤褸的起義軍稍事休整，疾匆匆經花縣，往海陸豐方向去了。

　　幾乎是同時，廣州城內的大搜捕也開始了。張發奎部的士兵們耀武揚威滿大街抓人，辨認是否參與暴動的主要辦法，就是查看脖頸上有沒有由於紮過紅布帶而留下的紅汗漬——但凡發現誰的脖頸上隱隱殘留有紅汗跡，抓起來一律就地槍斃……

　　光陰似箭，八十一年揮指一揮間。母親的三爹失蹤那年大概二十二、三歲吧，正是懷抱理想，充滿幻想，血氣方剛的年齡啊！

　　由於年齡懸殊差不多近二十歲，我母親對她三爹的長相，幾乎沒有什麼印象。所有關於她三爹的故事，大多是出嫁之前，斷斷續續聽外婆講的。

　　母親說她的這個三爹心地善良，極富同情心，還是在讀「專館」的時候，就曾經多次勸說過，讓他的父親王興安把田地分一些給無地的貧、雇農，或減免一些貧困佃農的田課，父子倆為此事一度還吵鬧得很利害……

　　母親回憶說：「么爹也曾講過，他還沒去北京時，三爹就教會了他唱《國際歌》、《馬賽曲》；投考黃埔軍校前，三爹肯定已經是共產黨人了！」

　　站在一旁的大舅，以親身經歷證實說：「……我生下來就沒見過三爹，讀小學的時候，喜歡纏著獨自在林子裏轉悠的么爹問這問那。么爹那時不到四十歲，極少回黑蔭灣，回來了也是誰都不搭理，獨往獨來像神經病。不過，只要提到三爹，么爹的眼睛裏就放光，也講不出什麼故事，反正視三爹為精神領袖，崇拜得五體投地！」。

　　母親說起她聽來的那些關於三爹的往事，神色一直充滿敬畏之意。她經常誇她三爹像小說《家、春、秋》裏的覺慧，書生意氣，憂國憂民，天生是鬧革命的料！饑荒年份，農民來借糧，當時是用木門計量。只要三爹在場，裝包穀時就會堆得凸出木門口面老高。來還的時候，三爹又會用手掌將包穀刮得凹下去……母親和大姨媽、二姨媽，生長在老派地主家庭，兒時卻沒有被纏足，據說就是靠思想進步的三爹爭取來的。

　　據母親復述：「……三爹和爺爺大聲爭辯，發現沒辦法說服之後，乾脆找來剪刀，翻出櫃子中所有的裹腳布，當著爺爺的面，一口氣全部剪為寸斷！」

　　王家還有個老傳統：男尊女卑，無論姑娘、媳婦，充其量只能算半個大人。吃飯的時候，王興安坐柏木大方桌的上座，退役中校和我外公及幾個孫兒陪坐旁邊。而女眷們、女娃們，只能圍坐在一旁的小方桌上無聲無息挾菜吃飯。多數時候，姑娘、媳婦們都只能坐屋角落裏做針線女紅，就算在院落中走動，逢人也須低眉順目，弓腰弇腦。出門在外的男人往家中捎禮物，媳婦們總是沒有份的。

　　但「黃埔生」主張男女平等，每次從外面回來，捎帶的禮物，男女都有份。吃飯的時候，他也總會先招呼母親和大嫂、二嫂入席。有一次過年回家，他還給大嫂（我外婆）帶了一雙長及大腿的時髦進口絲襪……

　　外公他們兄弟四人，這位排行老三的黃埔生，是唯一沒有留下子嗣的一支。

　　當初，大概地下黨組織有緊急指令，十萬火急，身不由己吧。那時候，他剛結婚還沒半個月，就毅然決然隻身去了武漢，「風蕭蕭兮易水寒」，從此再沒有回來……

　　又過了好久之後，外婆的商人三弟斟酌再三，終於沒忍住，滿臉憂傷，講了他在廣州曾看到「黃埔生」一身戎裝，腰挎駁殼槍，以及當時那兵荒馬亂場面……

　　王興安傷心極了，將一腔悲痛全發洩到了那位獨守空房的新婚三兒媳身上，斥責她「克夫」。迷信的李家婆婆哭得一把鼻涕一把淚，悲痛之餘，也在一旁呢喃幫腔說：「怪不得家裏近來一

直有一股血腥味⋯⋯」剛過門的年輕媳婦，既傷心且無助，從此一病不起，勉強拖了幾年之後，也死了。

說來實在冷酷淒慘，王興安對待這位所謂「克夫」的三兒媳婦，從始至終都充滿敵意，使得她在病倒之後，及病重期間，從來沒有得到過應有的關心和照顧⋯⋯

更有甚者，王興安在這位可憐的三兒媳婦病危時，竟然拿一根吸鴉片煙時用的長銀針，過來紥她的臉，想看她還有知覺沒有？是不是已經死了？

5

上世紀八十年代初期，我到宜昌市出差。第一次見到外公的四弟時，他已經從某街道小學敲鐘人的位置上退休了。

說老實話，我是受好奇心驅使，特意去尋找他的。那陣子，文憑剛開始吃香。一位北京大學土木工程系畢業生，怎麼連個小學教師都沒當上？

按照輩份，我該稱呼他么外公。么外公身材清瘦，面龐白淨，走路無聲無息，說話柔聲慢氣；背略微有點兒駝，臉上總掛著一種軟綿綿的慈祥笑意。知道我的身份之後，那慈祥的笑倒更像晚秋裏的陽光，怯怯的，瑟瑟的，讓人沒來由就動了惻隱之心。

他十分熱情地上下打量著我，身子晃晃悠悠，好像拉手也不是，撫摸也不是，興奮得有點手足無措！口中一個勁兒呢喃：「你來看我，嘿嘿，我好高興哩！真是蠻高興。你看今天天氣也好，比前些天暖和咧！嘿嘿，你母親身體還好？你爸爸身體也

好？我嘛，自由自在，一個人住著。一人吃飽，全家不餓。嘿嘿，我真的好高興啊……」

幾次交談之後，我的心竟油然生一種沉甸甸的牽掛。么外公給我的感覺是：心地單純，文質彬彬，怯懦善良；一直孤獨地活在屬於別人的這個世界，沒有朋友，茫然無助。

而他所能做的，好像也只有默默然袖手旁觀，軟綿綿訕笑面對……

後來我才瞭解到，么外公年輕時候，雖然性格靦腆舉止斯文，然而骨子裏躁動著的青春熱血，一樣讓他曾經充滿幻想，熱情奔放。

黑蔭灣一帶的老人們，至今都還能依稀記得：七十多年前，在天寒地凍的臘月天，只要看到白雪皚皚的山嶺上，有個孤零零地繞著圈兒狂奔的人影，准定是王興女讀大學的么兒子，放寒假又回家來了！

母親也證實了她的么爹愛鍛煉，愛讀書，不喜歡與人交談或交流。她說：「……大雪天，他從山嶺上跑步回來，頭髮梢都冒熱氣，誰打招呼都不理睬。徑直進屋提一桶涼水，然後站在半尺深的雪地上，朝天大喊一聲，把涼水從頭頂猛澆下來。他盛飯也與眾不同：用鍋鏟使勁將鍋蓋撬開，掉地上也不管，只顧自己盛了就走！」

還有一件事情，更有趣：家裏給么外公找了個小媳婦，專程派人去北京大學，將他喊回黑蔭灣老屋拜堂成親。也許只怪么外公過於追求完美，當嗩吶聲響起，接親的轎子在眾人簇擁下抬進

門，他瞅見走出來竟是個穿戴花哨的胖姑娘，失望地低著頭悄悄
溜之大吉……到下午準備拜堂時，大家才發現新郎官不見了！

父親王興安氣急敗壞，支使人找遍了老屋的所有房間。這時
候天色已經暗下來。王興安又差人點燃燈籠、火把，沿山架嶺地
繼續尋找，終於，在一處柴草垛下面，發現西裝緊裹，已經睡著
了的么外公……被兄嫂們推推搡搡，送往洞房的途中，么外公還
梗著脖頸朝父親嚷嚷：「你找來的，跟你結婚！」

王興安不由分說，硬是將這對新人關在洞房花燭之中，同時
委派強悍的人限制其行動自由，時間長達兩個多月，才把生米作
成了熟飯。

畢竟捆綁不成夫妻，結婚兩個多月，么外公就不辭而別，又
跑回北京繼續讀書去了。

妻子給他生了個兒子之後，兩口兒的關係仍形同陌路。每逢
放假偶爾回家，么外公就會在母親李家婆婆的床尾，再擺一張行
軍床，而不是與自己的妻子共住一屋。

鬧到最後，他父親王興安也沒辦法了，只好在一偏遠莊子，
收拾出三間土坯房給那位姑娘去住，還搭了些周圍田地，讓她帶
著兒子改嫁他人。

這麼一位有個性，有抱負，有追求的北大青年學子，隨著時
光流逝，為什麼竟變成整日如彌勒佛般訕笑，逢人只會唯唯諾諾
點頭的敲鐘老人？第一次婚姻結束之後，么外公的生活究竟遭遇
到什麼？直到今年，么外公去世十多年之後，七十多歲的大舅從
瀋陽回故鄉看望我母親，才透露了一些不為人知的往事。

　　原來，么外公在北大讀書期間，就經常參加由地下黨組織和發動的活動……上世紀三十年代中後期吧，他同另外兩個青年一起，突然回到黑蔭灣家鄉——原來是受上級指示，命令一些青年回各自家鄉發動暴動，建立工農伍裝進行「紅色割據」，「各地遊擊區的黨組織，要實行『幹部地方化』……」誰料立足未穩，其中一青年就遭逮捕，並且很快招供了。

　　王興安畢竟是縣內的老門老戶，得到熟人悄悄送來的消息，慌忙叫兒子連夜逃生。出生以來從沒經歷過大風浪的么外公，那陣子肯定也慌了手腳，連夜從香溪乘輪船逃到漢口，然後馬不停蹄坐火車返回了北京……

　　不過，到底沒能逃脫，抵北京大概半個多月光景，他被偵緝隊的便衣抓走了。

　　么外公並沒有被關押多長時間，就給放出來了。家中是否花過錢打通關節？如今已無從知曉，但叛變自首是肯定了的。佔計並沒有太出賣同志，否則，一九五一年開始的「鎮壓反革命」絕不會輕饒了他。

　　經過那次逃亡、入獄的折騰之後，可憐北大學子，已經被嚇得失魂落魄，精神彷彿整個兒垮掉了，有好幾年都沒敢回家鄉。到「抗戰」爆發，「國共全面合作」之後，他才隔幾年偶爾回家一趟，也不過是獨自呆角角落落，想自己的苦悶心思，或者下洋操鍛煉自己的肢體；與周圍人格格不入，衣來伸手，飯來張口，癡癡呆呆，好像神經出了毛病。

　　有的時候，他或者是寂寞得太難受，也會僵硬地牽上比自己小近二十歲的我大舅，和另外幾個小侄兒，到沒人跡的黑松林

裏散步。他表情木納，眼睛望天慢悠悠嘮叨，複去翻來的就一句話：「多讀些書，長大才會有出息。」

日子長了，娃兒們也視這個大學生么爹如瘋子！

對於這個銀元花了無數，全家人曾寄予那麼大希望的么兒子，王興安到最後已經完全放棄了，幾乎不屑一顧；三年、五年不回家，也懶得再去過問他死活。而家裏的其他人，都以為他還在北京，究竟怎麼生活的？誰也不知道。

大舅說：「……是一九四八年，我十六、七歲。那天爬到閣樓上去，原本是想找些核桃、柿餅來吃——那個被蛛網灰塵包裹的皮箱引起了我的好奇。皮箱內除了裝有書籍雜物，底層竟然藏著一摞油印的舊傳單，和幾本紙張發黃的小冊子。內容我還記得一些，如：『打倒國民黨反動統治！沒收一切土地，實行耕者有其田！』、『聯合起來，推翻幾千年來壓迫和剝削我們的大地主、土豪劣紳……』。」

大舅還找到了一個如校徽模樣的銅牌胸章，藍底上的四個黑字是：「到農村去」。後來，王興安也發現了，十分惱怒，將書籍、傳單和小冊子統統塞進了灶膛……一九四九年，離家出走的大舅，去武漢「革命大學」報到，在宜昌竟意外碰上了么爹。大舅說：「是在沿江邊的九碼頭兜頭撞上的。當時，他也十分吃驚，說早已不住北京，眼下在『民生輪船公司』作事，還領我去了他的辦公室……」

中華人民共和國成立之後，么外公又結過一次婚，還養育有三個女兒。由於他在與人交往以及生活習慣諸方面，可能存有毛

病，夫妻間怨恨日深，最後只能仍以離婚收場。

　　據他的幾個女兒回憶，每次政治運動來了，單位或街道清理階級隊伍，她們的父親都會被揪去挨批鬥，次數多得數不清，都是逼著要他交待歷史問題……

　　在寫這篇東西的期間，我還見到了么外公的那個隨母親再嫁後、已改他姓的唯一兒子。托脾氣暴躁養父那「貧農」身份的庇佑，他於一九五四年從「簡師」畢業後，就一直在鄉村小學教書。畢竟生父的叛徒身份抹不掉，只要政治運動來了，「清理階級隊伍」，就說這個年輕的鄉村小學教師是特務，大會小會逼著交待，弄得他終生鬱鬱不得志……回憶起往事，這位七十多歲、已退休多年的鄉村老教師，仍忍不住熱淚盈眶……

　　「你本是天生的富貴命，卻充當了悲劇的主人翁。」拿這句唱詞來概括么外公的一生，也許差強人意吧？

　　從三十年代中期在北京大學接受任務，然後回家鄉準備暴動……一直到西元一九七六年「四人幫」倒臺，在長達四十餘年的歲月裏，懦弱、單純、斯文如么外公，像一片墜落在湍流裏的樹葉，怎麼也擺不脫「白色恐怖」或「紅色恐怖」的襲擾，只能無助地生活在緊張、驚懼、暴力、威逼的氛圍中。

　　沒有人與相訴說，沒有人幫助分擔，沒有人給予諒解——么外公除了唯唯諾諾，除了可憐巴巴怯懦地訕笑著獨自面對，除了把所有的問題都掩埋於心底，還能怎麼辦呢？

補遺 「退役中校」的未亡人

二〇〇八年三月，我陪著大舅、二舅、么舅等一行人，又一次專程前往店子埡，去看望他們父輩中人唯一倖存的這位「二媽」；也是我從未謀面的「二外婆」。

「退役中校」娶這位太太進門，時間可能是一九四七年。那時候我母親已經結婚，離開了黑蔭灣；母親也不過在她那中校二爹娶姨太太的婚禮上，見過一次這位只比她大四歲的「二媽」。母親回憶說：「她細高挑個兒，皮膚微黑，臉巴蠻秀氣標致。」

中校作為「反動軍官」，被關押在火石嶺那陣子，這位末任太太也曾抱著女兒去探望過兩次。退役中校手撫繈褓中的女兒懶洋洋訕笑，完全沒有預感到死之將至……當聽到中校已在城裏被槍斃的消息後，她肯定也慌了神，懷抱著兩個娃兒，毅然地逃離了地主家庭。

為活下去，她將剛剛一歲多的小女兒給了別人，牽著不到三歲的大女兒很快再嫁。雖然丈夫換成了老實巴交的貧農，但根據當時政策：凡嫁到地主家三年的女人，都得帶上「地主婆」帽子，接受人民群眾的管制。可憐這位出身貧雇農家庭、「祖輩三代作長工」的村姑，就因為當過三年「退役中校」少夫人，被「反動地主婆」的帽子又壓制了二十多年……

回憶過去令老人百感交集，她說：「那時候，誰都可以作賤你，欺負你……要不是改革開放，我腦殼上的地主帽子，只怕要帶進墳墓裏去哩！」

也許因為經歷太多、遭遇過太多的屈辱欺凌，性格執拗倔強的她，嫁到這戶貧農家庭時雖然才二十多歲，女兒也改了姓，

卻不願忠厚老實丈夫嘟嘟噥噥生悶氣，硬是一直堅持沒有再要娃兒……

老太太今年八十七歲，雖然飽經滄桑，仍康健、開朗、快樂，天氣好也去山道上散散步；蠻樂意地享受著冰櫃、沙發、彩電、席夢思、啤酒、麵包等等現代物質文明，還時常感歎：「大爺！如今這吃的，穿的，用的，連大地主王興安，恐怕做夢都想不到！」

她最喜歡手機，因為可以經常和外孫們通電話。她的大外孫在北京讀的大學，研究生畢業，如今在「社科院」下屬的一個單位上班。當第一次聽說外孫的年薪能拿近二十萬，老太太眼睛瞪老大驚訝，又問了一遍，便呵呵地笑得合不攏嘴巴……

這是一處典型的「大三間」農家小院，綠樹掩映，黑瓦粉牆，地理環境正如對聯所寫：「門前大道通車馬，屋後高山產玉糧」。那位「退役中校」勤勞能幹的血親女兒，多年來靠農閒時替人縫紉，掙錢供兩個兒子苦讀書。娃兒們也很爭氣，先後都考進名牌大學，如今已經各自成家立業了。在地質隊工作的女婿也已經退休，不喜歡呆在城裏，對這空氣清新的「別墅」情有獨鐘。這對已過花甲之年的夫妻，勤勞習慣了，手腳閒不住，在住宅旁邊種有一畝多蔬菜和莊稼。

老太太還有個愛好者，就是喜歡看電視劇，聽說特別愛看《三國演義》、《西遊記》和《紅樓夢》，看好多遍也不厭倦。大家聽了，忙拿來遙控器幫她尋找。

巧得很，甘肅台正播《三國》。老太太立刻「入戲」，看得津津有味，沒一會兒，甚至還輕輕地跟著哼起了主題曲：「……是非成敗轉頭空，青山依舊在，幾度夕陽紅……」

　　農家小院外面，綿延的青山望不到盡頭，此刻正沐浴在夕陽中。飽經滄桑的老太太，還在搖晃身板哼哼，那種忘情，超脫和單純，真讓人感歎並感動啊！

第二章

6

該說說被母親比喻像巴金小說《家、春、秋》裏覺新的我外公了。

靜下心，梳理了老半天搜集攏來的一些同外公有關的資訊，我惶惑且迷糊了：外公竟然完全不像他的二弟、三弟，甚至四弟那樣輪廓清晰，性格鮮明！他倒是更像薄霧，像微風，像微風中的細細塵埃——分明也確實可靠地存在過，卻又很難去描繪出屬於他的具體形態，更別說細部特徵了……

他實在太平凡，太普通，忠厚溫和，逆來順受，活著就是每日碌碌地忙活著一些具體事情，同時小心翼翼打量著周圍親人的臉色，生怕得罪其中任何一個，就這麼一直忙碌到死……像詩人徐志摩的名句：「悄悄的我走了，正如我悄悄的來」……外公不過是這個熱熱鬧鬧大家族中一位盡職的管賬先生，最孤獨寂寞，活得也最苦、最累。

也許是宿命：除那位英年早逝的左派三弟只娶了一個妻子，而且呆一個屋簷下不足一個月之外；外公和他的四弟一樣，先後都娶過兩房太太。大姨媽是外公和他的第一房所生。我外婆是他迎娶的第二房太太。

外公的父親王興安，雖然很早就將諸如照料田地山林的播種和收穫等等瑣碎事務，完全甩給大兒子去獨擋，自己只須攥緊錢袋，大門都懶得出去。可是，那個時代生活在鄉間的少數「成功人士」，孤陋寡聞，一般自視甚高，只相信自己。王興安事無巨細，仍要求兒子必須「請示彙報」：比如每天買、賣了些什麼？

買的誰的？賣給了誰？單價多少？以及誰家的地租要加，誰家的地租須減……完全由老子說了算。外公被夾在中間受窩囊氣，操心勞力，卻四面討不到好臉色！

況且家族所擁有的山林和田莊，都分散在方圓百多裏的崇山峻嶺之中，山道彎彎，山路崎嶇，外公隔三差五的還得騎上馬四處奔波，察看莊稼長情，調解因地界或水源引發的械鬥紛爭……王興安花大半輩子心血汗水掙下了這田地山林、住宅庭院、牛羊、農具、作坊、堆棧、妻妾兒孫……夾在大山中的這一塊小天地，如我聽到過的一句民謠所比喻：天是棺材蓋，地是棺材底……王興安畫地為牢，簡直就如同牢坐！而外公作為長子，只能將自己役於父親和家族的這塊土地上，像螞蟻一樣拼命在廣袤的幅員內奔忙，還得要盡心盡力地去把光景弄得更好！

外公其實是在自掘墳墓呢！他的軀體的一大半，被耗入泥土中成為肥料，正像美國作家梭洛一百多年前所描繪的那樣：生活「填滿了人為的憂慮，和忙不完的生命的粗工，使他們不能採集生命的美果……一天又一天，找不到空閒來使自己真正地完整無損……人們積累了財富，飛蛾和鏽黴便來腐蝕它，盜賊便來偷盜它」……

「退役中校」返鄉後的第二年吧，內心偏愛二兒子的王興安，考慮到「中校」只有在山西陽泉生的那一個獨苗，而我外公卻有三個兒子；由此擔心退役中校這一房，將來可能吃虧。他是從心底偏愛著「中校」二兒子哩！於是決定親自出馬主持提前分家，並很快拿出了方案：金飾、銀元、錢幣仍由他掌控；將全部的山林、田產、庫房堆棧等等，劃分成四份。

　　前面說過，自「廣州暴動」之後，三外公好多年音訊全無，恐怕早已不在人世了。而么外公又常常幾年不歸家，偶爾回來，亦不過視這個家為臨時棧房。王興安又自作主張，將三兒子和么兒子這兩房的田產和山林，統統都交由二房代管。

　　這次分家的結果就是：外公一家人，帶著四分之一的山林和田產分出去另過；「退役中校」老二，終於成了這個大家族名符其實的掌控人。

　　王興安的顯失公平，給我母親和大舅心底留下了十分深刻的印記。畢竟母親那時候還太小，又屬「女流之輩」，遇事只能逆來順受，但從此開始疏遠她爺爺和二爹，同這個富裕的地主家族已經離心離德。二姨媽自小時就稍稍圓滑些，仍常常跑老宅院那邊玩耍，看到爺爺王興安在抽鴉片，便忙顛顛過去幫著打煙苞伺候……好多年之後，母親回憶起當時，仍眉頭微皺，感歎二姨媽太軟弱，沒骨氣。

　　明眼人都看得出的算計，外公為顧全大局，默默地都接受下來。

　　本地俗話說得好：「官打民不羞，父打子不羞」，何況還給了一些田產和財物。外公帶領家人，在老屋院落的對面山腰，重新蓋起四正屋一拖簷的乾打壘土坯房住了進去，沒事人似的，開始細心料理起真正屬於他自己的那一份家業。妻子和兒女可能在心底怪他太懦弱，而有點瞧不起吧，小家庭裏，成員之間彼此的交流顯得更少。

　　外公在家越發呆不住了，有事沒事，背著手不吭聲四處轉悠，或者鑽到佃農屋裏，一起打打牌，喝喝酒，交談些莊稼的長勢等等……

「退役中校」不懂農事，實在也懶得操那份心，對歸在他名下的三份田產，基本採取無為而治；偶爾也會喊外公幫忙去處理他那三份田莊裏的一些緊迫或者棘手的糾葛。

操心慣了、也做慣了手腳的外公欣然答應，樂呵呵奔忙，倒一點兒也不見外。

外公在深溝老林中上吊自盡那年，我才一歲多點兒。就是對於外公的存在，我也是成年之後，才慢慢瞭解到一點點的。

外公、外婆一共養育有三男三女，現如今，只剩我母親、大舅、二舅和么舅。五十多年陰陽阻隔，他（她）們對這位父親的記憶已經十分模糊了。經再三追尋，大舅想起一件他讀「專館」時經歷的往事：

一位前清時期的老秀才，在這個家裏教「專館」多年。大舅喊這位老人叫「先生爺」，有一年病死了。「先生爺」家中無人，是個孤老。王興安知道後，吩咐道：「去弄口薄頁棺材，叫人在後山挖個坑埋了吧。」外公聽罷，唯唯諾諾出門。

外公可能也是由「先生爺」啟蒙，於心不忍，便去悄悄請人，給「先生爺」寫了一篇長長的碑文，又虔誠地去買了一塊上好的長石料，恭恭敬敬打了一塊墓碑……入葬那天，場面極冷清，只有外公左手牽著大舅，右手拉著「退役中校」二弟在山西陽泉生的那個兒子，哭喪著臉跟在棺材後面……

母親說外公無論模樣兒，還是心性脾味，都特別像么舅——個頭比么舅略高，少言寡語，悶葫蘆似的；脾氣也極溫厚，無論在家中對待子女，或者在外面支派雇工傭人，極少看見他跟誰發

過火。就算遇上堵心事兒，外公也不過陰沉著臉悶悶地呆一會兒。他一刻都閒不住，喜歡和佃農們一起呆田土裏勞作，只有手中忙活著什麼時，糙臉上才有笑意……

擔任過湖北省神農架林區某林場黨委書記的么舅已退休多年，半日散步仍喜歡背著手，微低著頭，疾匆匆大步流星；呆家中則兩眼掃來掃去找著事做：拖地，洗碗，疊衣服，抹桌椅，澆花草，整理箱櫃……三個女兒早已成家立業。平日裏，么舅跟女兒、女婿們說話，倒是從來都那麼輕言細語，慢慢吞吞哩！

外婆作為這個大地主家庭的大兒媳婦，平日裏的活計，不過是些針線女紅之類。

她是不是還潛藏著縣城裏姑娘的所謂優越感，骨子裏甚至有些抱怨這個優柔寡斷的窩囊丈夫？兩個人的性格脾氣的確相差甚遠，相互間倒也符合「男女授受不親」的古訓，反正談不上「相敬如賓」「相濡以沫」，平平淡淡溫溫吞吞罷了。

自從分家之後，因為同老宅院之間隔著一條山溝，用不著天天看老公公王興安的臉色，性情爽朗的外婆反而活得更本色。她做飯，洗衣，照料孩子，整日樂樂呵呵的，偶爾還借跟兒子說話，故意激將外公：「……『男兒有志重新置』！再說，你們多處理問題面面俱到，前怕狼後怕虎，還真沒本事來當老宅子那邊整個大家族的主事。」

二舅曾感歎說：「父親不得罪人，寧可打落牙齒連血吞，把什麼都裝在心底！成天就知道腳不停手不住地找事情做。他活得最苦了。」

　　據大舅、二舅回憶：外公偶有閒暇，唯一樂趣就是扯上他們倆，和那個「退役中校」從山西帶回來的叫「三樂」的小青年，四個人分頭包抄，作賊似的在山巒樹柯間默默潛行：由外公先順山脊拉上馬尾套，插上細枝柯偽裝；三個少年則在四下裏吆喝著弄出些響動，如此來套漂亮的花腹雉雞……或者外公乾脆就獨自一人，穿梭於小溪溝邊傍水而生的葦叢，淌著淺水摸泥鰍……

　　可能是性格使然，或者膽兒太小吧，到四九年之前，這個大家族雖然一直擁有長槍、短槍，卻沒聽說外公曾扛槍打過什麼稍大點的野牲口……

　　那時候，這片原始林莽中到處奔跑著諸如香獐、角麂、明鬃羊（蘇門羚）、豺狗、黑熊、彌猴、果子狸、野豬……兒時的二舅，甚至在他們屋後一處山坳，獨自兜頭碰到過老巴子（華南虎）！二舅說：「……老巴子前腿伸直直地坐在那兒，懶洋洋望著我，一動不動。我也呆呆地看了它好一會兒，才扭頭往家裏跑。」

　　當地有句俗話叫：「蛇不亂咬，虎不亂傷」，認為都有因果關係。又有「一豬二熊三老虎」之說，看得出來，百姓們對野豬和黑熊倒是更畏懼，並不特別害怕老巴子。

　　這一帶山裏的一些俗語極有特色，如：「只要今生有肉吃，不管來生長尾巴」（意指殺生者來世也會變成被人殺的牲畜）；「好咬架的狗子，落不到一張好皮！」（指好鬥的人自己也會受很多傷害）……目的是勸人莫殺生、戒鬥，不過將後果前因道出，讓人去想。

　　山裏人還有個說法：「人一天中，有兩個時辰是野牲口！」除認同人與動物之間那割不斷的淵源之外，恐怕還有理解並原諒人類自身某些愚蠢或者暴戾放縱行為的意思吧……

如果也用野牲口來作比喻的話，我的這位從未謀面的外公，恐怕倒更像是一隻在山野中碌碌奔忙著尋覓野草，同時戰戰兢兢時刻在防備或躲避豺狼虎豹攻擊的野兔……幾乎與世無爭，可以說對誰都不構成傷害……

大舅、二舅和么舅還講到：稍有閒暇，或者說因一連好幾天騎著馬四處奔波有些覺得累，外公就會獨自悶悶地來到果樹林裏，專心致志地給桃樹、柿子樹、梨樹、核桃樹作嫁接：用小鋸截枝，用小刀剝一小口，然後插上芽條……是以這種方式溶入自然，一併打發內心的寂寞，排遣胸中的鬱悶吧。

突然就記起我十來歲時，也有好幾次跟在么舅身後，用馬尾套上山去套花腹雉雞！那時候的山野五彩斑斕：松樹林、柏樹林一片墨綠，白果樹、樺樹一簇簇金黃，龍木，野棗一串串鮮紅；林間的空氣潮得幾乎快滴下水珠，半尺厚的腐葉上，紅色的松菌，黃色的花櫟菌，灰白色的刷樹菌，像花兒樣一團團綻放……真是美極了。

7

外婆家族的陳年往事暫時擱置，下面，開始說點我們家族當時的一些情形。

在抗日戰爭後期的那段歲月裏，作為婆婆爺爺最寵愛的么兒，我那年少氣盛、英俊聰明的父親，一直在外求學。好像是一九四四年吧，父親肩扛著「商務印書館」中華民國二十二年版、重約六、七市斤的三卷本《辭源》，終於從武漢失守後就搬遷到恩施州的「湖北省聯合中學」畢業，學成回家鄉來了。

　　返回故鄉沒多久，經當時在國民黨縣黨部當差的父親的姐夫余伯華介紹，父親來到距縣城四十多華里，設在余家花屋內的「仙侶鄉國民小學」教書。那年，已經在黑蔭灣家中讀了四年多「專館」的我大舅，通過考試，也進了這所小學，插班讀五年級。

　　余家花屋是當時縣內另一大豪紳余氏家族的莊園，建在距黑蔭灣十多華里的一處林木蒼翠的山腰，占地近兩千平米，一色的薄頁青磚，回廊曲折，飛簷巍峨。共有大、小九個天井，幾十間各式房屋，還有參天古樹，清涼的龍泉……真正的走馬轉角樓咧！抗戰中期，餘家的當家人，把前院的一多半房屋拿出來辦了學校，自己和家人都住在靠山的後院。

　　一個極偶然的機會，父親看到了我母親送給她大弟弟的繡花枕套：圖案是荷花、牡丹（寓意「出污泥而不染」及「富貴榮華」吧），不但構圖精巧和諧，繡得也美侖美奐，更絕的是：細看牡丹那拳曲糾結的枝柯，竟然是由我大舅姓名的三個漢字組成！

　　二十二歲的父親自視甚高，平日裏極少說別人的好，這天竟捧著枕套讚不絕口，愛不釋手。比父親大概年長八、九歲的小學校長余伯華看出名堂，笑眯眯說：「……繡花人是黑蔭灣王家的三姑娘。是不是有點中意了？嘻嘻，我可以給你們介紹。」

　　年青時候的父親，西裝革履，儀錶堂堂──由於稚嫩、單純，骨子裏極愛摹仿舊式文人的那種閒散孤傲、舍我其誰姿態，教書之於的閒暇時光，倒是頗熱衷於與當地的鄉紳，酒食征逐，縱論國事；或吟詩作對，寄情山水，「會當擊水三千里糞土當年萬戶候」……其酒量和文采，據他自己說，曾一度博得好多長者的首肯。

當時，可能礙於臉面吧，他對姐夫余伯華的熱情提議，不過含糊地淺淺一笑，然後緩緩車身，揚長而去，矜持地不置可否。

又過了些日子，經過一陣從側面曲裏拐彎的瞭解和打聽，父親悄悄給我爺爺寫去一封長信。後來，我爺爺就找了同為縣城街坊的我外婆的三弟──就是前面提到過的那位時常往廣州、香港販運木耳、桐油等土特產的年輕商人……

母親回憶說，外婆跟她三弟的感情最要好，況且那陣子剛經歷了分家風波，和重建房屋的勞累。嫁雞隨雞，而且已養育了三男二女，外婆當然沒法撇開丈夫自行其是。但她實在希望自己的么姑娘能遠離這些紛擾，嫁進縣城去過幸福的生活。

這事至少在外婆這裏，很利索就應允卜來了。也許是對於父母作主將自己嫁往鄉下的一種內心逆反，在小縣城出生、長大的外婆，埋藏在心底的最大願望，就是女兒們無論如何，最好都能嫁到縣城街上去！

母親回憶：「起初，你外婆還擔心，怕我會嫌你爸爸他們家不富裕。她開導我說：『會選的選兒郎，不會選的選家當』……從三舅來提親，我知道了你爸這個人，一直到結婚前夕，我們都沒有見過面。」

還是「無產階級文化大革命」開始不久，「破四舊」運動正神秘醞釀著，整座縣城風聲鶴唳。一個月黑風高夜，母親悄悄喊來還在讀高中一年級的我，黑燈瞎火搭起木梯，爬上我們家老宅子的大門。經母親細細聲戰戰兢兢指點，我才從門廳跟屋外涼亭相銜接的屋簷板內，好不容易卸下來一塊長約一米六，寬約兩尺

的「進士匾」。母子倆如作小偷一般，慌裏慌張將匾抬進屋，沒忘記輕腳輕手拴上門，油燈都沒有敢點。母親找來白天剛磨鋒利的斧頭，和我摸黑在堂屋內，開始輪換著劈那塊匾。

「進士匾」估計是紅木或梨木做的吧？四周雕精美文飾，中間是幾個凸起的大字。木質太硬，我和母親一聲不吭，劈得大汗淋淋。那幾個凸起的大字也不知抹了什麼包漿，斧頭砍下去直濺火星！一個多小時後，「進士匾」成了碎木塊，被塞進灶膛──凸起的字的碎片上鎏了金，在火光裏黃亮亮眩目咧！

還有進士先輩留下的二十多枚用各色石料雕刻的大大小小精美印章，也被偷偷地丟進豬圈內臭烘烘的糞坑裏──關於這塊匾的來歷，還是「文革」結束之後，母親才對我們說。時過境遷，丟進豬糞裏的老古董印章，最終僅僅找回來一枚……那位大清朝進士，便是我父親的太爺，聽說還繪得一手好的山、水、魚、蟲，在當年曾頗有名望。

我們家老屋的閣樓上，從我記事時起，就擱著一隻很大的舊木箱。我讀中學時，最喜歡躲在上面翻看。裏面是一摞一摞幾十卷裝裱好了的真跡字畫；還有成套的線裝書，如《芥子園畫譜》、《閱微草堂筆記》、《聊齋志異》、《唐詩三百首》、《放翁詞》等等，可惜「破四舊」時，全被紅衛兵們抄去焚毀了……

十年動亂裏發生的事情，講出來現在肯定沒人相信，可以說亂到了登峰造極的地步，亂到了無法形容的程度：紅衛兵們甚至從「生資公司」、「百貨公司」翻出繪有花鳥的瓷碗、瓷盤、搪瓷面盆、暖水瓶、布匹、衣衫、紙傘……只要發現圖案中那怕有一朵花繪的是

十二花瓣，就認定為別有用心畫的國民黨黨徽「青天白日」，就是替國民黨反動派招魂，就搬到大街上摔砸，或者垛起來焚燒掉……

我們這個家族，大概是清朝道光或者咸豐年間，從江漢平原的嘉魚縣遷移過來的。據後來父親含含糊糊估算，到他那輩，可能是第六或第七代吧？

究竟是什麼原因，才舉家遷居到地處神農架大山腹地的這個蠻荒小城？爺爺、婆婆去世了。父親、母親也都八十多歲。家譜又在「文革」中遭紅衛兵焚毀，已經沒辦法弄明白了。反正到我的太爺和爺爺那輩份時，由於家道中落，家庭成員為了生存，人多已經與文人騷客、或閒情逸致的行列，漸行漸遠了。

對於我們家族，母親曾有一個挺形像的比喻。這裏得先解釋一個現象。由於山裏商品經濟落後，豆瓣醬一般都是分散由各家各戶自己來做：拿特大號瓦盆泡上已長出菌絲的胡豆，卡在用三根胳膊粗細的櫟木棍綁成的三角架上頭，放露天裏暴曬一個多月才算好。在世俗眼光看來，瘦筋巴骨戳泥地上的細櫟木棍棒並不值錢，全部價值都在醬盆之中。

母親說：「你爸爸這個家族，如俗話說的，『醬盆潑了，架子不倒』！雖然走著下坡路，但男人女人，走出來一個賽似一個，個個倔巴、聰明、高傲。」

清朝末年，鄂西到川東這一帶，「白蓮教」、「哥佬會」與朝庭作對，幫會武裝蜂起。也許只能怨兵荒馬亂，生不逢時，我們家族每況愈下的趨勢一直未得好轉。太爺輩上時，在宜昌市還開有一家不錯的襪廠。等到爺爺成人主事，進入民國之後，整個

家業就只剩縣城裏一家小棧房，和鄉下鄭家坪、石家壋等處的幾個收山貨小鋪面。

一九四〇年六月十二日，宜昌市淪陷。中國近百萬軍隊沿西陵峽口，至遠安、長陽、界嶺、霧渡河、保康一線重新集結，憑藉險惡山水，對日軍作拼死抵抗。我們縣城緊傍長江，離前線不到百餘華里，由武漢、宜昌潰退下來的散兵和難民，要從這兒撤往大西南。從雲、貴、川、陝等省份調集的軍隊，亦由長江下行，通過這一帶開赴前線。流動人口突然猛增數百倍，小山城一度人滿為患，小本生意畸形繁榮。

「硌骨」是本地方言，含有「骨氣」的意思；更多則是指在人際交往中心胸狹隘，彆扭，偏執，不合群。如「他是個硌骨人。」或者說「這人蠻硌骨。」

方言中還有些有趣現象：稱「拳頭」為「錠砣」，「肘彎」為「倒拐子」，「眼睛」為「亮眶子」，穿衣服不系扣子為「泄起個衣服」，穿鞋不提上後跟為「沙起個鞋」；稱結實健壯青年為「獨墩小夥」，醜陋男人為「鬼爸爸」……說什麼都愛帶「之」字，比如：「菜不好，客人們請隨便吃之喝之。」「某家熱之鬧之娶親，說之笑之鬧騰，好之體面風光！」……

從爺爺記事時起，家境就一直走下坡路，勢利的人兩眼望天上，亦令他飽嘗世態炎涼。也許是「硌骨」性格使然，爺爺「泄起個衣服」「沙起個鞋」，整日碌碌奔忙，帶著我大伯操持的小棧房和小鋪面，卻並沒有能抓住戰時機遇擴張做大，情況最好的時候，充其量不過算個小康之家。到了「抗戰」後期的那兩、三年裏，鄭家坪和石家壋的收山貨小鋪面，又先後遭土匪劫掠，被

兩把火燒了個精光。最困難的時候，爺爺在街上擺攤炸油條、卷子，還帶著賣點私釀的包穀酒、柿子酒，以貼補家用……

母親至今還清楚記得：婚事基本定下來之後，她爺爺王興安曾眯縫著眼取笑：「……日後回娘家，莫忘了帶幾個你公公炸的卷子讓我嚐嚐！」

從小不太喜愛讀書的爺爺，性格孤傲，脾氣倔強，懷揣實業興家的發財夢想，大半生苦心經營，疲於奔命，最終仍沒能夠阻止住家業走下坡路的頹勢；靠著城裏的小棧房，雖然暫時衣食無憂，小日子已逐漸滑入窮人隊伍。

一九四九年後劃成分，我們家因禍得福，被工作隊定為「貧民」，沒有被「入另冊」。

也是在「抗戰」中、後期的那段時間裏，我的三位姑姑先後都出嫁了。

大姑嫁給了余仕坡餘家，二姑嫁給了響灘的胡家，三姑嫁給了建陽坪的黃家。

余家、黃家是擁有百多畝良田的鄉下小地主。而胡家不但有田產，還經營著山貨、綢緞、釀酒、副食作坊等一些個鋪面。大概正因了母親所說的「醬盆潑了，架子不倒」吧？三位姑姑嫁的都稱得是這一方的富裕人家。

那個時候，家道中落的爺爺，面對三個「比自己富多了」的親家，平日交往中只能傾其所有，踮起腳充長漢子，其內心壓力可想而知。好多年之後，每當回憶往事，硌骨的爺爺還痛心疾首感歎：「……窮親攀富親，累斷脊樑筋啊！」

　　爺爺和父親對於大戶望族的反感，也可能就是那個時候埋下的。一九四九年之後，爺爺對新政權「均貧富」的主張，舉雙手歡迎。他滿懷激情投身其中，擔任過街道居民的頭兒，籌糧開會，安排勞力支前……幹得熱火朝天，為此還得罪了一些人。

　　正所謂「禍兮福之所倚，福兮禍之所伏」。「土改」和「鎮反」時候，姓黃的地主三姑父被殺，大姑父余伯華也因為屬「反動政權縣團級幹部」，被判無期徒刑。唯有姓胡的二姑父，由於一直擔任城關國民小學校長，「土改」時僅家產被瓜分，留了條性命。到了一九五七年「反右」，他作為「異己分子」，仍被清理出教師隊伍，投進了勞教林場。

8

　　在山雨欲來，新、舊政權行將更替的前夜，暫時還屬於「國統區」的黑蔭灣、乃至小山城裏的貧民百姓，懷揣「各人自掃門前雪，休管他人瓦上霜」、或「天塌了有長漢子撐著」的傳統心理，仍然沿襲著他們父輩，或祖輩的那種忙忙碌碌、渾渾噩噩的日子。大多數人對山外已經發生、或正在發生的諸如「國、共和平談判」、「淮海、遼沈、平津戰役」、「渡江戰役」等等，幾乎全然不知曉。他們所關注的是眼前的吃穿住行，油鹽柴米；感興趣的只是身邊人的喜怒哀樂，是是非非……

　　「男大當婚，女大當嫁。」爺爺請外婆的三弟為我父親提親的時候，母親的同父異母姐姐，已經結婚好多年，長子已經十多歲，長女也七、八歲了。

　　大姨媽是個唯唯諾諾的老實人。大姨父孫愛平的家在鄉下，雖然也有那麼點點田產，但土地貧瘠，收課極少。自四十年代初期，孫愛平一直在國民政府民政科當科員。因每月薪餉養不活一大家人，他還利用業餘時間，在街巷裏擺了個小香煙攤。

　　大姨父不善言辭，為人忠厚，也寫得一手漂亮好字！有一年，他遭土匪綁票，索要一筆錢財。大姨媽連忙找娘家人求救，但是，父親當不到家，而爺爺王興安又根本不肯為孫女婿破財！最後還是靠大姨父家傾其所有，還跟親戚、鄰居借了些，才勉強湊足數，將人贖了回來。為此，大姨父曾給岳丈家寫過一封長信來發洩內心的悲涼，其中有「……隔岸觀火的親戚，逆水沉舟的朋友！」等句，可謂字字泣血。

　　事隔半個多世紀，母親偶爾談及，仍忍不住唏噓感歎。

　　二姨媽是她們三姊妹中，最後一個出嫁的。當時她的妹妹，也就是我母親，女兒已經半歲多了。二姨媽結婚前夕，二姨父陳白嚴叫人抬著軟轎進城，接我母親去參加婚禮。來了好多趟，磨了好半天嘴皮，硬是被母親固執地回絕了。

　　母親說，她當時不願去，主要有兩個原因：「一是自己比你姨媽年齡小，卻先結了婚。再就是陳白嚴已經有四個娃娃，你姨媽嫁過去，是做『填房』。」

　　陳白嚴的家，座落在距縣城兩公里左右的響灘古鎮，如今已因三峽蓄水而被淹沒了。早些年，那裏可是個熱鬧地方，緊傍由下江經房縣通往西北的驛馬官道，又有水路順香溪河連接長江。明朝、清朝時期，這裏一度商家雲集，生意紅紅火火。

　　陳家的鼎盛時候，可能在清朝的中、後期，從由於三峽工程原因，國家文物部門撥專款，從淹沒處整體搬遷，異地重建的古民居冠名「陳白嚴老屋」，就可見一斑。母親說，早些年，陳家的鋪面大極了，一色的薄頁青磚砌就，高聳的女兒牆上，磚雕古樸雅致；門前有石獅、石鼓、下馬石、拴馬椿，一尺多高的厚厚石門檻，被來往的褲腿磨得油光水滑，雕滿花鳥魚蟲的厚重木門烏黑威嚴，半扇恐怕也有一米五、六寬！屋子裏，甬道回廊曲曲彎彎，賣食鹽、綢緞布匹、日雜百貨、副食糕點等等的鋪面錯落有致。櫃檯差不多有大半人高，個子稍矮的顧客，須踮起腳，仰著頭，才能跟高高坐櫃檯裏的夥計搭上話⋯⋯

　　母親作為親戚，後來也曾去做過幾次客。她的印象是：這一名門大戶，在傳到陳白嚴手上之前，就已經開始衰敗了。家中不多的幾個傭人愁臉兮兮，靠山根的屋子已坍塌朽壞。好多房間靜寂寂空蕩蕩！雕花的小窗子都開得很高，除了天井周邊，多數房間和過道陰森森的，乾旱季節，屋子裏也潮潤潤溢一股濃烈的黴味兒⋯⋯

　　正如古話所云：「大船破了，尚有五千鐵釘！」憑著老祖宗傳下的家業，陳家的富裕生活暫時還維持著老樣兒。母親說，二姨媽結婚時，渾身明晃晃耀眼咧——穿的綾羅綢緞，戴的金鑲玉首飾，特別那式樣，一般人戶完全沒有見到過！

　　好日子過了約一年光景，先是李先念將軍所部、湖北省軍區獨立第一師的一個團佔領了這個山區小縣。接著由林彪將軍的「四野」的一個師換防。姨父陳白嚴，因為在縣商會裏擔任著什麼職務，讓新政府作為「工商業者」留用，而守在離縣城兩公里

多夫婿家中的二姨媽，卻被劃成了「反動地主婆」，挨過無數批
鬥之後，被趕進半山腰岩屋裏住了好幾年……

　　傳統的婚姻，自古以來，尊崇「父母之命，媒妁之言」，
「上以事宗廟，下以繼後世」，首先是一個家庭、家族的人事。
　　父親和母親的婚姻，經母親的三舅牽線撮合之後，依照老祖
宗傳下來的規矩，便正式開始依照禮數，按部就班進行，壓根兒
未受到緊張時局的太多干擾。
　　先是雙方通過媒人，代為交換記錄有當事人各自姓名、年
齡、生辰、籍貫等情況的庚帖。接著，又請精通十二屬相及陰陽
五行的專業老先生「合八字」。
　　然後就是男方家庭，著德高望重的長者，前往女方家呈獻聘
禮。再後來便該「請期」了，也就是占卜合婚的吉日良辰。待媒
人持著占卜來的吉日，到女家征得同意之後，作為男方家庭的忙
碌，基本上算告一段落。
　　鄉下黑蔭灣女家這邊，只須依照規矩換庚帖，「合八字」，
納聘禮。三項儀式結束，全家上下，也開始緊鑼密鼓地忙碌起
來：五、六個細木匠鋸的鋸，鑿的鑿，刨的刨，做了一個多月。
然後請油漆匠細細地打磨，上色，刷漆，又花費了近兩個月時光。
　　這期間，姑娘、媳婦們則呆在各自房中飛針走線，挑花繡
朵，一刻也不敢消停……
　　母親說，家裏一共給她趕做了十六個嫁奩（所謂「個」，就
是指一位送親腳夫所背的東西，比如大衣櫃算一個，三屜桌加洗
臉盆、臉盆架算一個，樟木大衣箱加兩床棉被加小茶几算一個，

八把木椅加火盆、火盆架、洗腳盆算一個……），比起嫁到富裕人家的她大姐、二姐，都還要稍稍多點兒。

由於王興安的那次「分家」，對母親內心傷害太深，使她格外憧憬出嫁後的新生活；還聽說未來的夫婿是個蠻帥的「湖北省聯合中學」畢業生，暗地也十分滿意。

出生於老派地主家庭，卻在「專館」裏受了三年多啟蒙教育的母親，兒時熟讀《四書》、《五經》，遵奉「三綱五常」、「三從四德」，特別對文字、書籍，一直充滿敬畏，不敢隨意糟蹋。還是很小的時候，母親就告誡我們，不得用寫有或者印刷有文字的廢紙揩屁股，說那是褻瀆文字，會瞎眼睛的。現代人大概想不到，物質匱乏的年代，廢紙也稱得是極稀缺的東西。鄉下窮人入廁之後，一般都用包穀衣殼或瓦片來擦拭屁股；到後來，讀書人漸多，報紙也慢慢普及，廢紙才逐漸進入萬戶千家的茅房。

母親喜歡讀書，好多古文名篇可以倒背如流。如今，老母親八十三歲了，每日除端飯遞水侍候父親外，仍手不釋卷，自得其樂。

9

《舊唐書》雲：「興山舊治高陽城，為楚始封地，楚自以為高陽氏裔，故名。」

清乾隆版《興山縣誌》記載：「興山戰國時屬楚地秭歸」，三國吳景帝永安三年（西元二六〇年）分秭歸縣之北界立興山縣，因「縣治興起於群山之中」，故名。

　　老縣城傍香溪河而建，呈不規則長方形。記得我讀小學三年級時，由大青條石壘砌的厚城牆還殘存著。城牆內只有一條東西向的獨街；從已坍塌的東面城牆，到尚可走人的西門樓城洞，總長不過約八、九百米。南門樓城洞至靠山跟的北城牆廢墟，最闊處亦不足三百米。東面城牆外，沿耿家河（其實不過一條小溪溝）北岸搭建有一大片茅草棚屋，環境骯髒破敗，俗稱「河街」，通過坍塌的城牆豁口，與城牆內的窄街道相連。

　　母親結婚前也曾進過幾次縣城，是去她大姐家或三舅家走親戚。那時候的縣城，和我的兒時印象也差不太多：街道是土路，下雨就泥濘。街兩旁，黑瓦、黴柱、土坯山牆的木肋架板壁屋鱗次櫛比。僅有的幾家大鋪面裏倒是人流如織，門前砌石臺階，店面門板和木質廊柱因為刷了桐油，陽光下亮晃晃格外招眼。老城中最熱鬧的去處，當數南門樓東邊的城隍廟，飛簷突兀，脊檁堂皇。每逢廟會，裏二層外三層特別熱鬧，燒香許願的，賣糖果、糕點、胭脂水粉的，男女老幼，高下貴賤，什麼樣的人都看得到。

　　給年輕時母親印象最深的，是東邊「河街」棚戶區的那片茅草屋失火，幾乎每年都要發生。母親說：「……可憐哩，茅草棚子順著小河溝一間挨一間，一眼望不到頭，都是饑荒年份從秭歸或巴東縣遷過來的窮家小戶。河街上清一色的茅草棚子，燒起來沒法救，火舌金燦燦衝天，火光綿延，遠遠看像大年三十放焰火耍龍燈！」

　　當時，縣域內沒有一寸公路，交通十分不方便。盤山小道忽上忽下，九曲十八彎。富裕人家出行，男人騎馬，女人坐軟轎。窮人和負重的腳力，就只能靠自己的腿杆和腳板了。

父親和母親的婚禮吉日，被定在一九四六年的初秋；父親那時在平水河鄉國民小學教書，距離請人上門說媒，已經整整過去一年多了。

吉日良辰在即，時局突然緊起來了。據後來曾任中國人民解放軍空軍副司令員的王定烈將軍，寫給《興山縣文史資料》的回憶文章記載：新四軍五師中原突圍後，王定烈將軍率領二旅四團經過激戰，於八月十四日凌晨佔領興山縣城。得知國民黨六十六軍之一九九旅正由保康圍剿過來，王將軍帶著四團於十五日乘夜色撤離縣城。經界牌埡、校場壩、老佛寺，一路多次與前來阻截的國民黨軍發生遭遇戰，十六日抵達緊鄰神農架原始森林的保康、房縣一帶，同國民黨軍展開了長期的遊擊戰。

大山深處的黑蔭灣，距界牌埡、校場壩都不太遠，槍炮聲聽得清清楚楚！那幾天的山路上，穿土黃色軍裝的國民黨部隊疾匆匆來去，還沿途強拉民夫幫助搬運作戰物資，山民們膽戰心驚，緊閉各自大門，惶惶不可終日。

縣城內經過短暫的兵戎相見，板壁上彈孔猶在，城牆頭血跡未乾，百姓如驚弓之鳥！眼看著商定好的吉日將至，父親手足無措，急得像熱鍋上的螞蟻。改期是絕對不可以的。婆婆、爺爺思來想去，決定先讓父親騎馬奔黑蔭灣去看個究竟。

父親冒險來到岳丈家後才發現，鄉下的情景比縣城裏更糟糕：戰事還在時斷時續進行著，特別在寂靜的夜半，遠遠傳過來的炮聲令人毛骨悚然。送親的隊伍倘若真決定冒險動身，其後果可能簡直不敢想像：十六個背嫁奩的腳夫，加上盛裝的新娘、伴

娘和眾多親朋好友，浩浩蕩蕩行進在大林莽中的山道上，真遇上心狠手黑的散兵遊勇，或者打劫的土匪棒客，那可就喊天不應，喊地不靈了……

母親的那位「退役中校」二爹，畢竟見多識廣。他思索了一會兒後，呵呵笑提議：乾脆在黑蔭灣佈置個臨時新房，新人就在這兒拜堂成親。

事已至此，年輕的父親竟沒了主張，思來想去，也只能同意如此辦理了。

爺爺、婆婆知道他們商定的辦法之後，又慌忙張羅著去請來我的大姑父余伯華，作為夫家的全權代表，於農曆八月十五日趁夜色，帶領轎夫抬著裏面撒有棗兒、花生之類「喜果」的迎親花轎，抄僻靜小道，也爬到黑蔭灣山裏。

八月十六日黃昏時分，父親和母親的婚禮正式舉行了。雖然處兵荒馬亂年代，傳統的婚典儀程，絕對不可以減少：「父命子迎」、「女家禮遇」、「新婿獻禮」、「拜堂宴賓」、「婿挈婦歸」……門框上還有喜聯：「易曰乾坤定矣，詩雲鐘鼓樂之」，橫批是：「天作之合」……這片地處山巒深處，綠樹掩映中的院落，一時間紅燈高掛，笑語歡歌，鞭炮聲「劈裏啪拉」連串兒脆響，完全壓住了遠處偶爾飄過來的槍炮聲……

傳統婚典中，還有些「小道具」也蠻有意思，比如：在香案上擱置一泡桐木鬥具，內盛五穀雜糧，用紅紙封口，上面插一秤桿，意思是「糧食滿倉」，「我心如秤」！

再比如：將桂圓和石榴擺放床頭，祝福「多生子，生貴子」。

　　由於外公在王姓大家族中的懦弱尷尬處境，出嫁之前的母親，雖然生長在富裕家庭，卻一直有寄人籬下的感覺。婚禮中，母親對儒雅英俊、談吐有名士派頭的父親肯定是十二分滿意，認為他是落難才子，將來總有出頭日！正如戲文裏所唱的：「他是個真情漢子從不弄虛作假，這才值得人牽掛。縱然他是窮人也罷，有錢豈買得愛情無價？」

　　小家的分量，在母親心中可想而知——這可能就是母親一直敬重父親的基礎。

　　母親對父親的感情，從敬佩、仰慕，到愛⋯⋯再到包容，到由衷地憐憫和同情⋯⋯從此義無反顧，歷盡坎坷，六十多年來獨自拼全力支撐維護著這個多災多難、搖搖欲墜的小家庭，忍辱負重，不敢有一分一秒鬆懈⋯⋯

　　父、母親完婚之後，因戰事時斷時續，山道上不時仍看得到有持槍士兵黑喪著臉奔走，讓人放心不下。父親天性懶散，把什麼都不特別放心上，衣來伸手，飯來張口，倒能隨遇而安。他甚至還找「退役中校」借來落滿灰塵的手槍和子彈，細細擦拭乾淨，然後邀約上少年大舅、二舅，一起去到離老宅院不遠的深溝裏瀟瀟灑灑打靶玩樂，壓根兒對緊張局勢視而不見。一行人就這麼在黑蔭灣又滯留了十多天。直到周圍的槍聲、炮聲完全停歇，交戰雙方的野戰部隊終於都不見了蹤跡。還是外婆擔心縣城那邊的親家正眼巴巴盼望著，才催促父親，攜帶著新娘和送嫁奩的隊伍回到了城關。

　　雖然已經拜堂成婚，依照本地風俗，回到男家，仍須置辦酒菜「行家禮」。

　　當晚，爺爺、婆婆就請人往各親戚朋友處送了請柬。第二天下午，野櫻桃木大方桌擱堂屋中央，上面擺八菜一燉盆。客人陸陸續續進門，新郎、新娘盛裝整潔，磕頭致謝，親戚朋友則作揖還禮，滿臉堆笑說些吉慶的話，一併遞上禮金。

　　候親友到齊，大家這才圍坐到大方桌旁，也無需人拘禮，熱熱鬧鬧地喝酒，敘家常，直到天黑，才搖搖晃晃地各自散去。

　　外地調防來的隊伍也撤走了，小山城似乎又回復了往日慢吞吞的生活。被戰火嚇唬得四散的流浪藝人，習慣了這種顛沛流離生活吧，重又聚集在一家家店鋪前，沒事兒似的調笑，敲竹板唱著搞笑的大實話「蓮花落」討點飯食：

　　「興山縣一條街，陳家灣出白菜。大禮溪出紅苕，一個葫蘆兩把瓢。

　　哥哥的丈母嫂子的娘，兩個五尺一丈長。狗子不是人的樣，尾巴長在屁股上⋯⋯」

10

　　一九四七年，父親二十五歲，正是血氣方剛，對什麼都滿不在乎，而且未來具有多種可能的年齡。從留下來的泛黃老照片上看：西裝革履的父親，身材修長，面相英俊儒雅；用現代話形容，簡直是「酷斃了」！「帥呆了」！

　　學成歸來的中學生父親，敏感、自負，自持在恩施的「湖北省聯合中學」見過世面，滿腹經綸，絕對的目空一切。由於爺爺婆婆自幼溺愛，父親不事稼穡、天馬行空慣了，骨子裏根本耐不住寂寞，心底老渴望著被人簇擁，受人奉承的風光，卻懶得去

操心任何枯燥、單調的具體謀生活計。當初去余家花屋鄉下教小學，實屬因家境走下坡路而被逼無奈，那顆青春活泛的心，或許一直在為改變現狀而暗暗尋找著機會。

結婚後沒有過多久，一個機會終於來了。

這裏得先提及一個人物：陳和術先生，時任縣臨時參議會議長，我父親的親舅舅。

陳老先生早年畢業於宜昌師範，回到縣城後，先後開辦過馬槽園鐵礦合作社、後灣鐵礦合作社，當過興山縣銀行董事長……中華人民共和國第一任縣委書記鄧林（原獨一師一團政治部主任，後來當過國家建材工業部某局副局長）曾在「回憶解放興山建黨建政情況」中寫道：「……陳和術老先生也做了不少工作，他當時是比較開明的。」

《興山文史資料》上有篇文章，題目叫「陳和術巧援新四軍」，也是說他的好處。

一九五一年，陳和術作為縣裏的開明人士、特邀代表，還專程去武漢，參加了由省政府主席李先念將軍主持的省軍事管制委員會特別會議。可能政治上比較敏感的他，預感到未來運動的殘酷性，從省城回來沒多久，就在家中自殺了……

前面介紹過，我爺爺一生孤傲倔強，走下坡路之後，更視臉面如命，從來不輕易開口求人。婆婆為人溫良忠厚，大概也不會去違背丈夫意願求她弟弟幫忙吧。據後來瞭解，父親到國民黨三青團興山分團當宣傳助理，是經縣督學徐仁久引薦的。督學徐仁久究竟是因才而舉薦？還是為巴結討好參議長陳和術？沒人能說得清楚。

但有一點是明白的：那時候教師的薪俸是給糧食，社會地位不高，民謠「家有兩鬥糧，不當孩子王」可佐證。而三青團宣傳助理基本上屬准政府官員，按月發給銀元，完全稱得上是學成返鄉年輕人的正經「仕途」咧！

母親回憶，讀過「湖北聯中」的父親那時因家貧位卑，處世比爺爺更「硌骨」。由於看到陳家的地位顯赫，家境富裕，自尊心極強的他，在親舅舅陳和術面前，反而愛擺清高姿態，作矜持狀，舅甥之間關係並不親熱，平日裏甚至都很少走動！

回憶起當年，母親說：「你爸爸一輩子心高氣傲！當年從『湖北聯合中學』畢業的學生，全縣都沒有幾個。加上你爸寫得一手漂亮美術字，畫得一手好畫。他不過是不甘心總不如人，所以想通過自己的本事能力，去爭取一個更好的個人前程。」

父親在三青團當宣傳助理，受當時政府指派，大概曾挺賣勁地在幾個鄉、鎮，塗抹過一些標語或宣傳壁畫，前後做了不到一個月，便灰溜溜地被不明不白給解職了。是不是年輕氣盛，太目空一切，而為同事所不容？或者因政見分歧，道不同不相為謀？父親特愛面子，對於家族和自己的過去情況，從來都是只講「過五關」，不說「走麥城」。幾十年來，他一直不願再去提起「三青團」那檔子事，所以沒有人知道原因。

無法回避的事實是：白布已經掉進染缸裏了！十年之後，就因為這不到一個月的經歷，父親被作為黨和國家的敵人關進勞改農場，二十年抬不起頭來……

　　從三青團宣傳助理崗位給撞了回來，在當時，肯定重重刺傷了父親敏感自尊的心。由於家庭境況養不起閒人，他只得又去教小學。更憤世嫉俗，又因為太自負，同周圍人也格格不入，無事便閉門家中寫寫畫畫獨樂，似乎已經不屑再去跟屋子外面那些名人權貴、或者眼中只有名人權貴的俗人們打任何交道了。

　　那一段日子裏，父親的繪畫水平倒有了長足進步（新政權成立後，縣內第一張毛澤東巨幅畫像，就是我父親繪製的），可能感覺懷才不遇，酒也喝得更利害了：只要遇上有人邀約，總會暢飲無度，吐得一塌糊塗，大醉而歸……

　　這年的十月十日，中國人民解放軍總部發表政治宣言，正式提出「打倒蔣介石，解放全中國」！蝸居在深山，且閉門家中的父親，雖然完全不瞭解山外形勢，但縣城內風聲漸緊，估計他的內心也在隱隱躁動。看著身旁那些舊政府的達官貴人們惶惶不可終日，剛遭遇當局冷落的父親一定十分解氣，甚至暗地裏興災樂禍。

　　可以肯定：對於這個多災多難國家即將翻開的歷史新篇章，父親是發自內心熱盼，伸開雙臂歡迎的。

　　時間到了一九四九年，那年的春夏之交雨水少，天氣格外炎熱。

　　十八歲的大舅在宜昌市讀高中一年級。那陣子，學生們中間組織了好多社團，如同鄉會、共濟會、求知社、讀書會等等。時局動盪，民眾的遊行示威也早結束了純和平方式，打砸臨街商店及銀行門窗的事情時有發生。同鄉會以桃園三結義為號召，有福同享，有難同當。共濟會和求知社則為中共地下黨的外圍組織，成員多青春

年少，且憤世嫉俗。他們悄悄傳閱著毛澤東的小冊子《目前時局與我們的任務》，小小聲唱的歌兒也大多洋氣新潮：「誰願意作奴隸？誰願意當馬牛？人道的烽火，燃遍了整個歐洲……瞧吧，黑暗快要收了，光明已經射到古羅馬的城頭，古羅馬的城頭！」

一天，大舅從幾個都屬於共濟會成員，彼此又十分要好的同學處聽到了一個驚人消息：林彪將軍統領的第四野戰軍一個兵團，五月十四日，從團風至武穴一百餘公里的戰線上強渡長江，於十七日佔領了武漢三鎮！

得知消息後的大舅內心，估計如同高爾基筆下那暴風雨中的海燕，充滿了鬥爭的激情和歡欣。他心底也許同樣在喊：「讓暴風雨來得更猛烈些吧！」

大舅天生就不安份，思想活躍，我行我素。前不久，母親還提到過一句她爺爺王興安對大舅的形象描繪：「德娃子（大舅的小名）打傘，遇大風把傘衣刮跑了，他扛著個光杆杆進屋，還會笑呵呵不覺得！」

由於爺爺不疼愛，父親又太溫良懦弱，在家族中極少擁有話語權。愛讀課外書籍、遇事喜歡思索的大舅，同這個老派地主家庭之間，一直就沒有啥感情；對於人剝削人的社會制度，和不民主的獨裁政體，骨子裏反感極了。還是在縣城裏讀中學時，敏感而且易衝動的他，就特別關注國事，曾經和一些左派同學高喊「要自由，要民主，鍋裏還要有米煮！蔣總統，李總統，政府都是大飯桶！」等口號，衝擊過縣警察局。

隨著國民黨潰不成軍，逆流而上撤到宜昌市周邊重新佈防，市內散兵遊勇橫行，商鋪關門，學校停課，一時間秩序大亂。大

舅原本還想呆在宜昌市目睹第四野戰軍如何攻入市區。六月，外公跋涉百多華里山路來尋，強行將兒子帶回了黑蔭灣老屋。

八月六日——大舅到現在還記得。那天一大早，渴望瞭解山外面局勢發展情況的大舅，又一次爬上老屋對面山巒中的一處制高點：從那裏能清楚看到順山勢蜿蜒，通往縣城的驛馬官道。剛站了沒一會兒，在林木間時隱時現的土路上，就出現了望不到盡頭、健步如飛的解放軍隊伍；士兵都端著步槍，騾子馬匹馱著小炮輜重……

大舅太興奮了，攀上一塊突兀的岩頭，雀躍著揮舞雙臂歡迎……

攻打興山的是湖北省軍區獨立第一師一團。這時城內早已經亂套了，有錢人都跑到鄉下親戚家避風。膽小的窮百姓也跑了不少，土街上關門閉戶，一片狼藉，看不到行人。

由於完全不知底細，加上這一帶從民國初年的「南軍」、「北軍」開始，多年來，兵荒馬亂，兵災匪患，從未間斷過！山裏百姓大多害怕那些扛槍弄刀的，只要有人喳呼一聲「兵來了！」或者「匪來了！」，老年人關門閉戶守家，反正也活夠了；年輕點的，立刻卷了凡能帶走的錢財，趕緊逃命……如此已經成習慣了。

父親平日裏愛扮名士派頭，信奉傳統的「君子不黨」，卓爾不群，對政治及時局其實都兩眼一抹黑。還在部隊眼看就要打進城來的頭一天，城內像蜂巢炸了窩！父親已經完全沒了主張，只好隨大流，早早就帶上肚子裏正懷著我的母親，抱著不滿兩歲的我姐姐，躲到了離縣城十多華里的沙坪子我大伯家。當天黃昏時

分，國民黨保安第四旅亂糟糟往巴東撤退，沿途強拉年輕壯丁隨軍，折騰得雞飛狗跳。父親和大伯一行，只得又逃到香溪河對岸半山腰一處岩洞中藏身。到夜半，天突然下起雨來，帶的烙餅等食物全給泡爛了。姐姐偏偏又肚子疼，哭鬧得利害，所有的人給折騰得整夜都沒能合眼。

勉強熬到第二天濛濛亮，饑渴又開始折磨這群逃難人。雨後山林的早晨倒是靜極了。偶爾傳過來幾聲烏鴉啼叫，更讓人膽戰心驚。父親又惦記起留守家中的爺爺和婆婆，思前想後，決定無論如何，都得試著往回走。

他們順河谷走走停停，途中好幾次碰到解放軍的外圍遊動哨，端長槍的士兵面相威武，神色警惕。挎盒子炮的軍官則和藹多了，還笑嘻嘻問：「是害怕我們，躲新四軍去了吧？」父親後來才瞭解到，獨立師一團裏面，有不少的人，前幾年還曾在興山、房縣、保康這一帶打遊擊，知道當地人只稱他們「新四軍」，沒聽說過「解放軍」這詞兒。

天近中午，父親抱著我姐姐，牽著母親，戰戰兢兢跨過香溪河上的木板橋，狐疑地從南門樓城洞進了城。雖然橋頭和城門旁都設了崗哨，城牆上還壘有簡易工事，架著機關槍，但哨兵們神色輕鬆，對待返城的人挺和藹。由於國民黨守軍沒有交火就出逃了，城中建築物並沒受丁點損壞，先回來的人家，屋頂上已經有炊煙飄出來……

到太陽西偏時，又有不少疲憊不堪的逃難人陸陸續續回來了。部隊也開始派人笑嘻嘻沿大街安撫人心，一併清掃街面上胡亂丟棄的垃圾雜物……

補遺　山西孤兒「三樂」

之所以武斷地稱他為孤兒，是基於一般常情：倘若他的父母都健在，絕不會跟著「退役中校」千里迢迢到黑蔭灣來。「三樂」是二外公給他取的名字。「三」字是與我母親和大舅名字中間所共有的；通俗點說，這位曾是勤務兵，後來叫三樂的少年，是我二外公的乾兒子。

三樂到黑蔭灣時，大概十四、五歲。說是傭工吧？他平日除給二外公送洗臉、洗腳水，家中若有人出門，他牽馬，或者抱著泉生逗樂外，並不安排幹重活。說是兒子吧？他也不能像真正的兒子或孫子，如我外公和大舅那樣，有資格陪爺爺王興安進餐。三樂吃飯，只能擠在有外婆、母親、姨媽她們的那桌女兒席上。再則，也沒有叫他到「專館」去一起讀點書，其實並不用格外花錢，只需在堂屋裏多擺條板凳。更有甚者：這個家族的男人，到了十六、七歲，都得奉父母之命成婚；而三樂到二十四、五，還沒人幫忙張羅找媳婦。到了一九四八年底，還是外婆同情這個外鄉來的年輕人，才替他找了個媳婦。

也許是環境使然，三樂少年時就不太愛說話，低眉順目，溫乎乎蠻討人喜歡。結婚後特別能吃苦耐勞，很快就蓋起了大三間瓦房子。遺憾媳婦不生育，於是領養了一個女兒……八十年代初，他還帶著些土特產來找過我母親，一再對外婆當年對他的關照千恩萬謝。

事實上，人世間的愛、恨、情、仇，都是雙向的。中國自古就有「義仆救主」的傳說故事。正所謂「種瓜得瓜，種豆得豆」。破產地主家少爺魯迅，就有「潤土」這樣的貧農朋友。資本家大亨李嘉誠，也是好多內地希望小學窮苦少兒們感恩的對象……

　　突然又聯想起來我前不久聽來的一個當代身邊故事：一位副處級領導，經常使喚他的小車司機幫忙幹家務。這天下班回到家，領導又叫司機拖地並洗衣服。司機因自己家中有點急事，稍稍遲疑了一下。這位領導冷笑道：「怎麼，還不想幹？主子就是主子，僕人就是僕人！」

　　兩相對照，發人深省哩。

第三章

11

從東北方向壓過來的解放大軍，如滾滾洪流，還在大山裏追逐負隅頑抗的舊政權殘兵。站在縣城的老城牆上，傍晚時分，偶爾能聽到槍炮聲從遠處遙遙地飄過來。

剛佔領沒多久的小山城內，恢復秩序的工作，正緊鑼密鼓地展開著。

首先，組成了「軍事管制委員會」，抽調獨立師一團政治部副主任鄧林任縣委書記，師政治部民運科長許佑明任縣長，機槍營長劉繼泰任縣大隊指揮長。為發動群眾，打消顧慮，「軍管會」又組織了多個工作隊，馬不停蹄奔赴四鄉八嶺，刷標語，召開群眾大會，拜訪工商業及文化教育界的開明人士，實施教育轉化工作……隨著店鋪、攤販開張，硝煙味逐漸淡薄，窄街面上的來往行人也日漸增多。

不甘心退出歷史舞臺的舊政權骨幹也沒閑著，謠言在暗中傳播，什麼「共產共妻，呆不長久」、「把六十歲以上的趕到山上吃草」、「不能吃好的，不准說私房話」……

改朝換代畢竟是天大的事情，正所謂「幾家歡樂幾家愁」。對於「共產黨」這三個字，文盲占絕大多數的山民，還是第一次聽到，既認不得是啥模樣，也不可能真正懂這三個字的意思。唯有上無片瓦，下無寸土的赤貧們興高采烈，因為他們「失去的只是鎖鏈，得到的是整個世界」！而在一些尋常人家裏，老年人臉露惶恐；膽小或者精明的年輕人則還在觀望，不知道自己究竟該往哪個方向邁步……

在最初的那段日子裏，古城牆內的氣氛，暫時仍顯得有點點壓抑和拘謹，或者說都在等待、期盼著發生什麼……

十八歲的大舅，自從在黑蔭灣山頭看到部隊往縣城移動，內心再也無法平靜，想入非非，興奮得幾個晚上沒睡著。年青人的夢想和大膽，令他猶如一團火在燃燒；彷彿還有遙遙地召喚聲——他知道這一次無法拒絕了。

二舅比大舅小五歲，至今都清楚地記得那幾天的情形：他去大舅屋裏，約他上山玩被拒絕，便生生賴在那兒，「……想看哥哥究竟要幹什麼？」

二舅說：「你大舅見我不肯離開，乾脆把房門拴了。一開始他悶悶不樂，好一會兒不吭聲。然後默默找來紙筆趴書桌上，先用鉛筆打輪廓，然後拿毛筆認認真真描。畫的是戴八角帽的毛主席像，有練習本大小，下面還寫了一行字：『走，跟著毛澤東走！』」

這天傍晚，大舅悄悄叫來「退役中校」的那個年齡只比他小一歲的兒子泉生（在西北軍中供職時，駐防山西陽泉時生的），想約他一起去投奔解放大軍。忠厚且膽小的泉生不敢，但答應保守秘密。由於擔心夜長夢多，更怕被家人發現，大舅心一橫，沒等天濛濛亮，就從家中出走，大步流星，奔縣城方向去了……

這天，設在小縣城南門樓旁邊城隍廟裏的「軍管會」，大門打開沒多大會兒，就見滿頭汗水，氣喘吁吁的大舅，笑嘻嘻闖進來了。值班軍官是個戴眼鏡的青年。由於幾天沒人來，他還正在傷腦筋，考慮如何加大宣傳鼓動力度哩。

　　眼鏡軍官上下打量眼前這位身材修長、臉蛋微黑的穿學生裝小青年，等問明來意，簡直喜出望外！接下來，他們倆之間的對話，句句堪稱那個時代的經典。眼鏡軍官神情嚴肅，一板一眼問著，像在舞臺上表演話劇！

　　軍官問：「你願意參加革命工作？願意參加這前無古人的無產階級偉大革命嗎？」

　　大舅回答：「我願意。我討厭人剝削人的制度，仇恨不民主的獨裁統治。從讀書到現在，我一直嚮往革命，遺憾的是，至今尚未真正付諸行動……」

　　軍官說：「歡迎你！形勢發展太快，革命眼下正需要千千萬萬像你這樣的知識青年！」

　　然後填表登記，開介紹信。眼鏡軍官將蓋有「軍管會」鮮紅大印的介紹信遞給大舅，滿臉自豪地又囑咐說：「持著這介紹信，你可以放心地去我們已經解放了的任何地方，都會受到同志們親人一樣的熱情周到接待，吃、穿、住勿須花錢……」

　　大舅講述這些情況的時候，已經是快八十歲的老人，仍心潮澎湃，目光如炬。

　　那可真是一個激情燃燒的年代！讓我竟沒來由的突然聯想起「無產階級文化大革命」初期的「大串連」：那時候我也是高中生，十七歲，從我們學校的「文革領導小組」開得一紙「串連證」，然後，足跡走遍北京、上海、廣州、西安……沿途都有接待站管吃管住，令我這個第一次出遠門的山裏娃大開眼界……

　　手持「縣軍管會」介紹信的年輕大舅，跋山涉水又來到宜昌市。心眼兒活泛的他，先後在「獨一師」接待站，和「省財經幹校」招生處都報了名。這會兒，需要辦理的表格手續，比起最初在縣城時嚴格多了。內容有自然情況，簡要經歷，家庭三代構成及社會關係。還要另寫一份自傳，敘述從八歲開始的經歷，包括上學地址、變動原因、本人愛好、社會生活、人際交往，及思想演變等等；曾經做過些什麼？在什麼地方？誰能證明？都必需真實地詳細填寫，以備上級機關審查和存檔。

　　填完表格的第三天吧，「獨一師」和「省財經幹校」兩邊，差不多同時都送來決定錄用的通知。大舅一時有些拿不准，就同剛結識的一位秭歸籍女生商量，女生建議說：「眼下戰爭已結束了。我們一起去讀財經幹校吧，畢業後好建設新國家！」

　　於是，大舅他們三十多個從宜昌及周邊縣城來的風華正茂青年，結伴乘坐輪船，又到了武漢。一路上，他們高唱「解放區的天是明朗的天……」，懷著對未來的美好憧憬，走進了由省主席李先念將軍兼任校長的湖北省財經幹校。

　　全國的形勢發展，的確驚人！隨著打下的地方越來越多，百廢待舉，到處都急需幹部。大舅他（她）們僅僅在幹校裏學習了半年，就都提前畢業了。

　　畢業後，大舅被安排到仍由李先念將軍兼校長的湖北人民革命大學，在第四部教育科當教育幹事。大舅說：「……李先念當時還兼任中南軍政大學等好幾所大學的校長。培訓大批管理地方的幹部，幾乎成了那段日子裏最重要的工作。僅在我們『革大』第四部，就有來自湖北各地的年輕學員近六千人。那時候的『政

審』，並沒有後來那麼挑剔和極端，只須填寫『簡歷』時如實說清楚，一般都能夠留下來。」

在那個變革和動盪的時期，「革命大學」裏的教員和學員，像大舅這樣，出身非無產階級家庭的小知識份子，幾乎占到了一多半。剛來的時候，他們或平頭，或分頭，穿著絲光襪子、皮底鞋、長布衫或制服，臉巴細皮白肉；大多數的年齡雖然比大舅稍長，也不過都才二十郎當，或三十剛出頭，個個都青春澎湃，激情似火！

學校實行軍事化管理。課程除了學習《馬列主義通俗讀本》、《中國革命與中國共產黨》等政治內容，更多的是開專題辯論會，辦主題學習班。無論教員、學員，踏進「革命大學」之後的第一件要緊事，就是都必須發自肺腑地進行自我鬥爭，自我批判，深挖自己靈魂深處的非無產階級思想，同過去一刀兩斷，徹底決裂！同時，還得互相揭短、互相批判，上綱上線，觸及靈魂。「革命大學」裏的氛圍，跟以往的任何學校都完全不同，就像一個大洗滌工廠，要蕩滌一切屬於過去的「污泥濁水」。

大舅還講了個小故事：學員中有一位沙市某大棉紡廠的資本家公子，在深挖靈魂的學習班上說：「由於我出身反動的資產階級剝削家庭，自幼受反動思想毒害，曾經有過『王光英算什麼？我將來才是中國的棉紡大王』的狂妄念頭，總認為萬物皆備於我，老子天下第一！卻不知山外有山，實在是反動透頂！」

領導立刻表揚他挖得深刻，同時號召幹部和學員，都要向他那樣，勇於觸及靈魂。

接下來大舅發言。他實在找不出自己腦海裏曾有過想剝削人或壓迫人的念頭，就實話實說，介紹了由於父親在家中處處受爺

爺、和反動軍官二爹的欺壓排擠，從懂事時起，就跟封建地主家庭沒有感情，憎恨壓迫者，同情臉朝黃土背朝天的種田人，「讀書後，接觸到進步思想，開始嚮往革命……」

棉紡廠少爺立刻站起來批駁說：「王教員出身於統治階級封建地主家庭，腦子裏肯定儘是封建思想！肯定仇恨貧農階級，肯定追求腐朽沒落的封建地主生活，甚至可能還有封建帝王思想！期望王教員深挖毒根，與反動過去徹底決裂……」

──難道說自己骨子裏真地還有「封建帝王思想」？一向性格叛逆，桀驁不馴的年輕大舅也糊塗了。不言而喻，如今的年輕人肯定更會一頭霧水：那時候的人怎麼了？

大舅在「革命大學」的日子，有點像孫行者進了太上老君的煉丹爐，那體驗實在前所未有，嶄新得令人神往，又令人眩暈！

無論教員、學員，但凡為過去主流社會所遵循的道德血統、知識、經驗、準則等等一切，全部須通過批判與自我批判，從根本上給予粉碎或揚棄。然後用如太陽一般耀眼的馬列著作，和無產階級專政，無產階級革命等等理論進行重建，務必要使每個人在靈魂深處，構築起一條通往理想彼岸的金光大道……

渴望變革，血氣方剛，從來都自信且任性的大舅，在經歷了一輪接一輪疾風暴雨般的學習與批判之後，一度也曾陷入痛苦，恨自己為什麼偏偏生在地主家庭……

好在他們絕大多數都年輕，狂熱，充滿朝氣，嚮往真理；都具備自我否定的豪情，同時也擁有迎接挑戰的資本。

經歷了托爾斯泰關於知識份子「在清水裏泡三泡，在血水裏浴三浴，在城水裏煮三煮」式的脫胎換骨，一個由全新理論武裝起來的大舅，又隨湖北省委土改工作團，雄心勃勃奔赴到洪湖縣參加「土地改革」……

12

回過頭，再來說處於新舊交替、風雲變幻浪潮之中的高陽古城，以及蝸居在小城裏，暫時還在漠漠然消磨、懶洋洋觀望中的我父親。

由於山裏偶爾仍有國民黨散兵遊勇劫掠、騷擾，鄉村學校沒法複課，父親只能暫時呆在城內等待。他雖然仍如平日，閉門家中寫寫畫畫修身養性，內心深處，估計也正忐忑不安地隱隱在期盼著什麼機會吧。

五十九年後的今天，我曾問過父親，為什麼他當初沒有主動去縣「軍管會」瞭解溝通，以謀求未來的人生道路？八十六歲的父親昂起頭，滿臉不屑地回答道：「我嘛，從來不求任何人！都是他們來找，我才去的。」

坐在旁邊的八十三歲的母親，會心地微微一笑，細細聲解釋說：「你爸爸一輩子不求人。唯我獨尊的清高狠氣，他這輩子講得到頭了。」

寫到這兒，我突然沒來由地，竟然聯想起一個兒時聽到的故事：一聰明伶俐娃兒，父母省吃儉用，供他讀了幾年「子曰」、「詩雲」……某天清晨，娃兒與一放牛老漢結伴去趕集。途中，老漢發現草叢中有塊馬蹄鐵，便叫娃兒去拾。娃兒簡直懶得去

望，滿臉不屑說道：「陶淵明不為五斗米折腰。破馬蹄鐵哪值得我低頭？」老漢無話，緩步過去笑眯眯拾起。到集市上，老漢用賣馬蹄鐵的錢，買了一包剛上市的紅櫻桃。往回走的路上，他悄悄地故意將粗草紙包兒弄個小洞，每走幾步，就有一粒櫻桃掉落。面對水靈靈大櫻桃的誘惑，娃兒不知是計，頻頻撿食……待最後一顆櫻桃掉落，小孩正彎腰間，猛地聽到那放牛老漢長歎息說：「你真蠢呀，一次不肯彎腰，後來竟低了一百多次頭哩！」

自負且不合群的父親，誰也瞧不起，一輩子沒一個知心朋友；不肯低頭，卻低了大半輩子的頭。他的清高狠氣，到頭來，也只能關起門在家中偶爾顯擺……

而在當年，新政權剛建立，百廢待舉，的確需要人出來工作。部隊佔領縣城後兩、三個月，一位叫徐先覺的年輕人找上門來，邀請父親去城關國民小學裏當教員。

這位徐先覺先生「中師」畢業，年齡和我父親差不多。他們家的老肋架板壁房子，距離我們家的小棧房，不過二十多步路程。其伯父徐大孝為中共地下黨黨員，於一九三○年五月國民政府「清黨」期間被槍殺。可能是因為這層血緣關係，才被縣「軍管會」委任為城關小學校長。同時授權他物色教師，務必要儘快複課。

由於鄉村小學停課，當時好多教師都閑著。徐先覺作為新政權成立後的第一任小學校長，很快就招集到一批年齡二、三十歲左右的男女教師，使城關小學率先複課了。

隨著新政權的進一步穩固，鼓動宣傳工作也開始更廣泛深入地展開，上層人士座談會，工商業者座談會，群眾大會，一個接

一個召開了；窄街上紅旗漫捲，鑼鼓聲、鞭炮聲不絕於耳，民眾歡呼雀躍鬧鬧嚷嚷，幾乎天天像過大年！

彷彿老樹綻放新芽，士農工商、五行八作，次第都開始以嶄新的面貌運轉，城內的氣氛漸趨熱火，人心也活泛了許多。

最最明顯的變化，是中、小學學生娃們唱的歌謠，清一色新詞新曲調，由稚嫩的嗓音整整齊齊喊出來，別提多振奮人了：

「向前向前向前，我們的隊伍向太陽，腳踏著祖國的大地，背負著人民的希望……」

「解放區的天是明亮的天，解放區的人民好喜歡……」

「團結就是力量！這力量是鐵，這力量是鋼……讓一切不民主的制度死亡！」

剛進城關小學教書時，年輕的父親雖然也蠻積極地參與上級安排的宣傳工作，比如去鄉卜刷寫大幅標語口號，繪製「堅決鎮壓反革命」、「打倒地主，剷除封建」之類的壁畫，上街宣講方針政策，在話劇《鋼鐵戰士》中扮演八路軍張排長……暫時都還算不得太出眾。

後來有一次，縣裏搞慶祝遊行。城關小學的隊伍出人意料，突然抬出父親畫的巨幅毛主席像，立刻吸引來無數人觀望，讚歎聲不絕於耳，場面一時為之轟動！

因為當時發下來的主席像印刷品都挺小，大家還從來沒見過這麼大的。這事兒使得父親的知名度一下子呈直線上升。直到現在，父親時常還會津津樂道，說縣委書記鄧林，和縣長許佑明，

甚至還親自來過我們家，呵呵笑地拍著父親的肩膀，鼓勵他運用自己的專長，更好地為革命事業出力氣。

畫過主席像之後的兩、三年裏，是父親這輩子最揚眉吐氣，最最風光的時間。那會兒，中、小學校由於年輕知識份子聚集，成了下鄉宣傳的主力。他們扛著紅旗，雄糾糾氣昂昂，活躍在田邊地頭，搭臺子演戲，寫標語，張貼通知、佈告……父親說，他走到哪兒，都有人伸大拇指，誇讚他畫兒畫得好，戲演得好，美術字寫得好！

可能正是由於他喜歡拋頭露面，喜好出語驚人，才更容易讓急於打破中庸、保守，各人自掃門前雪等舊模式的領導人暫時器重吧。我婆婆在世時也常提及，說最初的幾個月裏，許縣長沒一點架子，同父親促膝談心，問這問那……

自一九四七年被三青團攆出宣傳隊伍，到一九五〇年共產黨人許縣長禮賢下士，言聽計從。如此之反差，足以令信奉「士為知己者死」的父親感動。他似乎已看到了自己的「仕途」一片光明，站講臺上教書早變得無足輕重，倒成了副業。而當時的情況，正如毛主席所雲：「奪取全國勝利，只是萬里長征走完了第一步」。更何況，基層工作千頭萬緒，又沒有先例，全靠運用群眾運動來推動。

從訪貧問苦，動員發動訴苦，到鬥地主，分田地，清匪反霸，再到對知識份子的社會主義思想改造，三反、五反運動，為「抗美援朝」募捐，破除迷信，肅清反動會道門，工商業改造，查「五毒」……那幾年，群眾運動硬是一個接著一個！

還有為改善環境而組織的共產主義義務勞動，比如轟轟烈烈地開荒種樹，修橋補路，築河堤，清垃圾……父親都全身心投入，常常忙得沒有工夫回家，且意氣風發，樂在其中。母親獨自

操持家務，孝敬公婆，忙得幾乎沒機會出門，內心仍因為丈夫終於有了用武之地而高興自豪。這其間，父親還先後好幾次，被安排到省城裏進修政治，一九五一年底，還被抽調到省土改工作隊，參加了黃梅縣的土改運動。

在省城學習期間，父親在武昌蛇山，意外遇見已是「湖北人民革命大學」年輕教員的大舅，兩個年輕人興奮極了，滿口新理論，手舞足蹈指點江山，用當時頗流行的一段話來描繪最恰當：「天下者，我們的天下！國家者，我們的國家！社會者，我們的社會！我們不說，誰說？我們不幹，誰幹？！」

由於當時實行的是「暫時共產主義」，提供吃穿住用，並不發給薪餉。倆人兜裏雖然都沒錢請客，仍快快活活地聊了好一會兒，才分頭回各自的學校。

到一九五三年，父親已經有了兩女一男三個孩子。狂熱的父親還跟母親商量：等第四個娃兒出生後，就將四個娃兒的名字一併改為人、民、江、山。誰又曾料到，等到一九五五年我弟弟出世時，父親已經再次被當局冷落。又過了一年多光景，父親竟糊裏糊塗當了「極右派兼歷史反革命」，成了人民江山的打擊對象……

槍炮聲逐漸遠去了。開始過平靜正常日子的山城百姓，如俗話所說：「人上一百，種種色色」，內心的感受也各不相同。由於政權轉換不可避免會帶來新、舊思想觀念的衝突，一些小糾葛、小事件，仍免不了時有發生。

城內取消暗娼和乞討不久，一個靠走街串巷打「蓮花落」的瞎子藝人公開抱怨說：「過去討飯，油湯油水。現在討不到殘菜

剩水！」還用「蓮花落」曲調自編詞兒亂唱：「三反反一批，五反又一批，蟲仔螞蟻兒都到齊……」公安人員聞訊後，以「醜化新中國，為『五毒』分子喊冤叫屈」的罪名給投進了監獄。

還發生過一件因追求自由戀愛和美滿婚姻，最終雙雙死於非命的悲慘故事。

故事的男、女主角，都在城關小學教書。男教師文質彬彬，三年前奉父母之命結婚，婚姻生活一直不和諧。女教師二十歲左右，身材修長，爛漫天真。兩人都是校文藝演出隊的骨幹，在話劇《兄妹開荒》裏演兄妹，悲情劇《赤葉河》中扮夫妻。他們表演細膩默契，情感真摯，曾令好多台下人嘖嘖讚歎，或眼淚汪汪……

如此一來二往，竟成假戲真做，平日裏稍長時間不見，彼此就痛苦萬分。流言蜚語日盛，領導終於在演出隊開會時，言辭激烈給予了警告。然而，男教師鐵心要掙脫封建禮教強加的鎖鏈，女教師也癡情不改，願意跟隨心愛的人浪跡天涯！

出走那天，兩人相約黃昏後。擺渡的唯一那條「柳葉船」偏巧泊在香溪河南岸。他們為避人耳目，沒敢喊撐船老人，決定尋找淺灘，赤腳涉水渡河。更不巧的是，香溪河上游那天剛下過暴雨！命苦的情人，手牽手走到河中央，竟被無聲無息漫起來的洪水卷走了……

第二天，屍體很快在距渡口約百多米的深潭裏被找到。打撈起來之後，兩個可憐人兒的手仍緊緊握著。小城還從未發生過這類事情，一下子像炸了鍋！公安也派了人前來驗屍，調查。看熱鬧的一撥去了一撥來，轟都轟不開……

　　據說，兩具濕漉漉手牽著手的屍體，就那麼被仰面擱小學操場上，任人圍觀達大半天。晌午後，才由學校和公安出面，用一張草席卷了，埋葬在後山亂墳崗子上。兩個人的親屬，一定感受到了莫大的道德壓力和心理屈辱，自始至終都沒好意思露臉⋯⋯

　　時至今日，母親說到這事兒，仍一臉悲天憫人情懷，感歎男教師生得文靜秀氣，那姑娘也蠻水靈標致，「⋯⋯兩個脾氣多溫和的人啊！都那麼年輕，真是可惜了。」

　　而一生坎坷的父親，即便曾經呆勞改農場二十年，終生鬱鬱不得志，如今老態龍鐘，判斷事物仍堅持非對既錯，非紅既黑。他固執地認為，都怪男的好色卑鄙，姑娘輕浮下賤，是自作自受，怨不得別人。

　　想當年，新舊社會更替之際，各種觀念此消彼長，對這兩位可憐人兒的辱罵和譴責，絕對是更絕情、厲害。聽說一些情緒衝動的衛道士或假道學先生，甚至還爭搶著朝濕漉漉的冰涼屍體投小石塊！

　　而與母親一樣懷包容、同情之心的人也不少，他（她）們私下裏稱兩位殉情者為「梁山伯與祝英台」，亂墳崗那小小的黃土堆上，不時有人悄悄奉上祭奠的野花環⋯⋯

13

　　大舅出走之後，外公、外婆也曾托人四處打聽，一直都沒有準確消息。

　　還沒等他們從慌亂中回過神，挎盒子炮的土改工作隊，已經開始在全縣鋪開。很快，各區、鄉的基層政權，如雨後春筍，陸續地都建立起來了。

　　黑蔭灣地處偏僻，民風淳厚。貧農、雇農們，起初還礙於對祖輩傳下的租田交課老規矩習慣成自然；和對於相處多年的雖然不平等，卻也大體平和安定的雇傭關係基本認同，對地主老東家，暫時仍維持著客客氣氣點頭寒暄，或聊聊天氣收成、家長里短等等，溫吞水一般的來往，並沒有、也不敢太造次。

　　隨著訪貧問苦的工作隊員，挨門逐戶進行宣傳鼓動，娃兒們也開始傳唱政治歌謠：「誰養活誰，大家想一想？地主不勞動，糧食堆滿倉……」窮苦人的不平意識日漸甦醒，因財產及地位懸殊，而壓抑多年的仇富意識和怨懟，終於給釋放、點燃了……

　　到那年年底，各村的民兵隊伍也都組建起來了。揚眉吐氣的窮苦農民，第一次有了當家作主的感覺。年輕的民兵們更是神采飛揚，肩扛大刀、紅纓槍，踏著還不太整齊的步伐，沿村道喊口號操練。富裕戶們被孤立在各自的院落裏，一個個都成了驚弓之鳥，只敢透過門縫悄悄張望，逐漸感受到外面世界的壓力。

　　退役中校被抓，可以說是黑蔭灣富人落魄，窮人從政治上、心理上，真正翻身的分水嶺。作為「清匪反霸」運動中第一批遭逮捕的人，這位集舊政權軍官，與封建地主於一身的標誌性人物，實在是在劫難逃。

　　由於分家之後，外公就帶著外婆和大舅、二舅、么舅，在老宅子對面的半山腰蓋房子另住。兩處住宅之間，隔著一條掩映在莽莽青松和翠竹之下的曲曲彎彎山溝。又過了好幾天，外公才知道他二弟被抓的消息。

　　心驚膽戰之餘，外公甚至可能還在暗自慶倖分家早，總算逃過了一劫吧？或者慶倖自己「憨人有憨福」，半輩子窩田土裏，並沒曾去舊政府裏謀個一官半職……

　　那段日子，內心要強的外婆，也許心存「躲脫不是禍，是禍躲不脫」的念頭，不動聲色料理家中一日三餐，看起來比外公稍稍坦然一些。想當初分家時，這個家族的幾乎所有錢財，都留在老宅子那邊。外婆作為家族的大兒媳婦，依照老規矩，雖然不便伸頭說話，但對於老二那邊門庭若市，逞能顯擺的作派，心底一直很不舒服。

　　總體上說，外婆對錢財並不看得太重，三個兒子才是她的命根子。如今，好不容易讀到高中的大兒子「兒大不由娘」，不吭聲就跑了！這恐怕也讓隱隱地她反思：倘若幾十年前，自己的丈夫也像那三個「小叔子」弟弟一樣，去保定、武漢、北京讀書，這個家裏眼下的情況，沒準兒會跟老宅子那邊同樣糟糕吧？

　　看起來，書讀得太多的確無益。這麼想著，同樣讓外婆感到後怕，對尚逗留在身邊的兩個小兒子看得更牢了，生怕再出現什麼意外的閃失。

　　二舅那年十四、五歲吧，天性木訥忠厚，考進縣城初中後剛剛讀了一學期。縣城裏的中、小學復課後，起先因鄉下還不太平，外婆不放心，沒讓去。等到後來「土地改革」運動轟轟烈烈鋪開，二舅再想出去讀書，卻已經失去了那個資格……

　　退役中校突然被抓，並押解到縣城。老宅子那邊，一下子失去了頂樑柱。女眷們整日嚎啕，家裏亂成了一鍋粥。七十四歲的

老地主王興安經不起如此打擊，半句話也說不出，步履蹣跚，目光呆滯，已是一副等死的樣子。

十七歲的泉生作為老宅院這邊唯一的成年男子，雖然六神無主，只能強打精神硬撐。他認定：父親被抓都因為家裏的錢財太多！一狠心，讓養馬的老傭人牽來騾子和馬，將家中的全部銀元，和多年沒來得及兌換出去的若干銅錢，滿滿地裝了好幾大麻袋。然後用三匹騾馬馱著，親自送到工作隊的駐地，希望能夠以此贖回父親。

一次主動交出如此多的銀元銅錢，在當地實屬破天荒！工作隊裏有位人稱「常部長」的女隊員，也許對灰頭土臉的泉生，動了惻隱之心吧。她嚴肅地勸戒他：「你這麼年輕，又上過學，要認清形勢，別再瞎摻合你那反動老子的事情！希望你能與反動家庭徹底決裂，義無反顧走出去，投身革命洪流……」

懦弱的泉生，原本以為只要把錢財悉數交出，父親就能給平安放出來。「常部長」一席話，實在出乎他的意外，頓時覺腦子裏一片空白。他耷拉著頭呆呆站好一會兒，一句話也說不出，最後，漠然車身跟馬屁股後面，蔫蔫地回去了。

幾個月之後，從縣城裏傳來消息：第一批被抓的退役中校，成了我們縣第一批遭槍斃的三個舊政權上層人員之一……

是泉生和他那已經如行屍走肉一般的老態龍鐘爺爺去收的屍，草草給埋葬在了老宅子旁邊的一處灌木斜坡上。王興安默默淌淚，嘴巴哆嗦抽搐，卻出不了聲……

在那段日子裏，可憐的落魄少年泉生，整日為幾個半老女眷們的嚶嚶啼哭、和如瘴氣一般綿長的呻吟歎息所包圍，驚恐萬狀，度日如年。夜靜更深的時候，他偶爾也像老牛反芻，不時會

在腦海中，反復掂量女工作隊員「常部長」說的革命道理，直到想得頭疼如裂！由於自幼養尊處優，他最缺乏的就是勇氣，還有果斷；並因此時常瞧不起自己⋯⋯

⋯⋯也許是四周那比死亡更恐怖的啼哭和呻吟，最終驚醒了泉生。一九五三年春天，像大舅一樣，他也隻身逃離了黑蔭灣，去尋找自己的活路。

埋葬退役中校那天，外公也悄悄去送了。因為擔心受牽連，他第一次像個嚴厲的父親，惡聲大嗓地，沒有讓我外婆和兩個年幼的舅舅跟了去。

耷拉著腦殼，獨自從墓地回來的路上，外公與一隊扛大片刀和紅纓槍的民兵不期而遇。他垂手低頭回避，隱約感覺到鐵器寒光的威脅，禁不住　陣陣氣虛。

沒有過多久，外公也讓民兵給抓走了。和他一起被抓的還有周邊的二十多個地主，都給關押在距離黑蔭灣十多華里，小地名叫火石嶺的仙侶鄉鄉公所。起初幾天，二舅曾看見外公一行人，被民兵押著修補溝通村寨的小路。自幼就內向善良的二舅那時人小膽也小，不過隔遠遠地從樹柯間朝那邊偷偷瞅了兩眼，便匆匆忙忙逃回家中，胸腔裏「砰砰砰」好一陣打鼓，甚至都沒敢說給外婆聽。

接著就有傳聞，說被關押的地主跑了一個；幾百民兵打著燈籠火把，沿山架嶺搜了一整夜，也沒找著。那時候，外婆和二舅、么舅，已經被勒令不許亂走動。就算外婆能夠聽到點什麼，也絕對聯想不到外公身上。在她看來，外公懦弱窩囊，婆婆媽媽，身上根本沒有敢作敢當的男人氣概——只怕借給他一個膽，他也不會跑哩！

　　這天一大早，外婆覺右眼皮老跳，折騰得她好一陣心煩意亂。草草煮了點包穀飯、菜豆腐，母子三人圍著小方桌，埋頭囫圇吞下。剛吃罷飯，外婆猛聽得外面的腳步聲好疾促，還沒等她站起身，十多個扛槍拿刀的民兵，已經進了屋。

　　湧進屋子裏的民兵，把桌子拍得砰砰響，開門見山，命令地主婆趕快交出金銀首飾！么舅畢竟太小，雙手摟抱著外婆的腿，大眼睛裏滿是恐懼。中學生二舅也有點發慌，只不過暫時還倔巴地強撐，耷拉著頭一聲不吭。

　　關於「金銀首飾」，還有個故事：一個遊手好閒的懶惰農民，無意間，從一處老房子廢墟的石縫深處，竟意外掏出一個藏匿金銀財寶的陶罐！他當然也擔心財寶「露白」，可能危及身家性命，一直謹慎地隱匿著，並未告訴任何人。後來，這個懶惰農民幾經掂量，考慮到外公為人忠厚，言語不多，就經常悄悄來找，每次都會帶來一點首飾，暗地裏交換些糧食、布匹、油鹽、以及零花錢……如此以物易物，前後共持續了兩年多……

　　母親出嫁前，曾在外婆的屋子裏看見過，說有金戒指，金手鏈，拇指粗細、形狀如藕節的金項鏈，十八股金絲扭花的金項圈，和外邊雕飾精美，中間鑲嵌玉石的金鑲玉牌兒……大大小小，一共有二十來件吧。

　　這些悄悄換來的金首飾，加上外婆的一點陪嫁首飾，一直是分家之後，家中最值錢的東西。自外公被抓，外婆就作了最壞的打算。考慮到兩個未成年兒子往後的生活，她於幾天前，悄悄和二舅一起，將金首飾用大土缽裝好，埋到了後山的一處隱蔽地方。

　　民兵們拍桌子打板凳，威逼了一個多時辰，直至將外婆反綁住手臂，吊在門前一株老桃樹上。外婆疼得大汗淋淋，仍雙眼緊閉，牙關緊咬，不吭聲堅持著……

　　民兵又一把將十一歲的么舅扯過去綁了，也吊到桃樹上。么舅又疼又怕，聲音嘶啞大喊「媽呀媽呀救命啊」！站一旁的二舅，這時也早給嚇得渾身哆嗦，默默地淌眼淚。直到這會兒，外婆的淚水才漫出眼眶，長長歎一口氣，交待了埋藏去處……

　　裝有金首飾的土缽，很快被從後山上挖出來，由領頭的民兵雙手捧著，笑呵呵走了。外婆左手摟抱么舅，右手抓著二舅，想不到往後的日子究竟該怎麼過？母子三人相互依偎，癱坐在泥巴地上，好一陣號啕大哭……

14

　　首飾被拿走之後，外婆環顧著空蕩蕩的屋子，心裏一陣陣地空蕩蕩好難受。

　　到太陽西偏時，從恐懼中緩過神來的么舅喊餓。外婆這才站起身，點燃灶膛裏的柴禾，開始煮早晨吃剩的包穀飯、菜豆腐。

　　外婆的性格，正如俗話所說：「發財了往前想，背時了往轉想」，並不是那種視錢財如性命的人。由於沒有親友前來安慰，她只能強打精神，暗自在心底自歎自解：那些吃了上頓愁下頓，一輩子租田種的窮家小戶，不是也養活了兒女？她這麼想著，懶洋洋在屋子裏轉悠，開始不動聲色地拾掇起外公用過的農具，一邊考慮在屋邊地頭上種些什麼。想到種田，很自然就想到了外公——也不知被關押在火石嶺的丈夫如今怎樣？

又過了十多天，外公從火石嶺關押地出逃的消息，終於傳到二舅的耳中……

外婆知到之後，起初仍舊不太相信，但考慮到「無風不起浪」，心裏畢竟不踏實，夜半時分，常常讓惡夢驚醒……

某一天，外婆和二舅正在田裏勞作，一位過去的老佃戶悄悄跑來，老眼中淚光閃爍，告訴外婆說：剛才在孫家溝放牛時，突然聞到吹過來的山風中，竟飄著一陣陣惡臭味；順風鑽進刺叢中查找根由，才發現是東家吊在一棵五倍子樹上……

外婆聽罷，如五雷轟頂，慌忙帶著二舅，跌跌撞撞找過去看究竟。

母子倆還沒爬到那株五倍子樹下，黑松林深處，那片陰森森的荊棘叢四周，早已是惡臭逼人！懸掛在樹叉上的屍體，已經腫脹腐爛得變了形，膿水血水滲透了粗布衣褲，正順腳尖牽著線兒往下滴……外婆默默無言站了好一會兒，然後木然抹一把淚，拉上目瞪口呆的二舅，扭頭順原路返回了家。

等到又過了差不多二十多天，外婆叫上二舅，再次前往。這會兒，屍體已經完全解體，白骨散亂地掉落在樹下。外婆和二舅去折了兩綑細松枝鋪展在草坡上，將基本半幹的屍骨收攏成兩堆，拿松枝裹上，用藤條緊緊捆紮好。母子二人這才伸直腰板，重重地歎一口長氣。默默又站了會兒，他們倆一人抱一捆裹有屍骨的細松枝，緩緩來到自家的田邊。挖墓穴的時候，外婆和二舅都沒了力氣。好在兩小捆兒屍骨，畢竟占不了多大個地兒。

埋葬好外公，渾身大汗淋淋的二舅和外婆，彷彿都累癱瘓了，兩腿伸直直坐田埂上，小小聲哭了好一會兒。這時候，年幼

的么舅也找來了。外婆大概考慮到還得朝前過，站起身鎮定一會兒情緒，然後牽著兩個兒子回家。

當地還有個古老習俗：凡是吊死過人的樹，家中活下來的親人，都必須儘快地去將其砍掉，否則會大不吉利。外婆在縣城裏長大，根本不太清楚這個。幾天後，二舅經 位放牛老農好心提醒，悶悶地找來一把彎刀獨自再去。爬到那兒才發現：五倍子樹橫在草坡上，早已經讓人給幫著砍倒了。

好多年之後，一位當初曾看守過外公的人，曾感歎說，外公那天不過挨了一個潑皮無賴的毒打，倘若能忍忍，不翻窗逃跑，後來也許不至被槍斃……

作為這個大家族的長房長子，外公懦弱中庸，守著田上操心勞力大半生，應該說不至太招怨恨；由於恪守「忠厚處世」的思維定勢，父親工興安偏心二弟而待他不公，外公也只能逆來順受……最終仍落得被關押受欺侮—— 是委曲到極點，才鋌而走險吧？

看守人還描述了當時的情景，說外公好像瘋了，遇岩跳岩，遇坎飛坎，遇到刺叢也不要命地亂竄……可以想像：外公自打動了逃的念頭，就已經將生死置之腦後了。

外公死後一個多月，土地改革運動雷厲風行展開。外婆和尚未成年的二舅、么舅，也被從分家後剛蓋起，才住幾年的乾打壘屋子裏掃地出門，重又給攆回到老宅子這邊一間擱置農具的破偏廈裏。廈屋內蛛網百結，四面來風，裏面除甩著幾件鋤頭、羊角鎬，一隻舊背簍、一口鏽鐵鍋，和幾個破碗爛碟等物件，連木床和被褥都沒給留。

　　住進破廈屋的當天，外婆便帶著兒子，去田埂上抱來些陳年稻草，在屋子角落裏，厚厚鋪成床的樣兒。又找來些別人丟棄的破麻布、爛棉絮，用線索連到一起權當被蓋。母子三人就這麼在稻草裏，睡了差不多一年多時間。

　　聽二舅講，被「掃地出門」後的最初那段日子最難熬。一是外婆從來就沒有種過蔬菜或莊稼；再說，莊稼從下種到收穫，也需要幾個月的時間。多虧外婆人緣好，前些年鬧饑荒時候，有好幾戶家大口闊的老佃農，都曾先後向外婆借過糧，後來幾年裏因年景差，一直沒有還上。當時的外公外婆還好言安慰，並未催逼過。如今，那幾戶翻了身的佃農，看著外婆這邊孤兒寡母餓得可憐，經常乘天黑時分，悄悄地送點包穀過來，一併也嘟噥幾句安慰的話。二舅還記得：一些心腸慈悲、但膽兒小的農戶，還將做好的包穀漿粑粑，偷偷地擱在他們屋後的柴禾堆下，讓他們拿了去度命⋯⋯

　　其後幾年裏，天可憐見，風調雨順。外婆他們日出而作，日落而息，雖然倍嘗艱辛，總算都活下來了。然而，輿論對富人階級的仇恨，並沒有絲毫減弱。仙侶鄉只要召開群眾大會，外婆免不了被拉去，跟活下來的其他小地主們站一起挨批鬥，甚至受皮肉之苦，令人完全看不到還會有過正常生活的希望⋯⋯

　　外婆覺得自己從前富裕過，且已年過半百，沒什麼好求的了。最讓她揪心的是，兩個兒子跟著擔驚受怕遭欺侮。她暗自打算，無論如何，得替他們尋找一條生路。

　　最先送走的是么舅。為了讓小小年紀的么舅能夠活下去，並且能夠平等地讀書受教育，外婆幾經考慮，將他送給了翻身後住進外公外婆原來房子裏的一對貧農老夫婦。

　　這對夫婦都是忠厚老實的莊稼人，一直沒有生育。上世紀六十年代初期，我跟母親偶爾進山看外婆，順便弄些南瓜或紅苕回城關填肚子時，曾經還在這對夫婦家裏住過一夜。我那年十三、四歲，因為家主人名叫王映光，依照輩份，喊他們「光外公」，「光外婆」。

　　「光外公」大骨架，背駝得利害，左眼有白內障。他不太愛說話，除了起早貪黑地忙田裏活路，就是捧根一米多長的銅頭旱煙袋，弓腰蹲在地火籠的條石上，吧達吧達抽個不停。「光外婆」又黑又矮又瘦，喉嚨可能出過毛病，說話「嘶嘶嘶」十分費勁，要聽明白內容也十分費勁。兩位老人十分善良好客，不過才初次認識，都捧著我的手不停撫摸，還端出自家熬的高粱糖，和核桃、花生、紅苕幹、南瓜仔、柿餅，一古腦兒塞滿了我的荷包……可以想像，么舅在這種慈祥仁愛的人家裏作「乾兒子」，的確算幸運了。

　　然而好事多磨，聽說去了沒有多久，就有好事者，因「光外公」如今住的那屋子，是土改時分的外婆家的住房，便說外婆居心險惡，企圖以么兒作「乾兒子」的形式反攻倒算，重新奪回已經被剝奪出去的房屋！於是，么舅又給強行從「光外公」家攆出來，安排到另一位脾氣暴躁的貧農家。

　　這家的女主人脾氣特壞，經常喜歡拿藤條使勁抽打才十來歲的么舅。少年么舅實在忍受不下去，半年多後，又跑回了「光外公」家。

　　可能是托「貧雇農家庭乾兒子」身份的光吧，么舅雖然因家貧而吃盡苦頭（母親說么舅讀書時，衣服褲子上補丁摞補丁，幾乎

看不到原來布的顏色；人瘦得皮包骨頭，年紀青青，臉上沒一點血色），終於讀到了高中畢業。那時候農村正大搞「四清運動」，憑么舅血管裏流淌的「地主血液」，只能灰溜溜地回黑蔭灣繼續務農。

第二年，國家決定開發神農架原始森林。由於神農架地處蠻荒，林莽蔽日，峰巒崢嶸，所招去的數千名工人，最初幾年都是在懸崖峭壁上修築公路，工作和生活的環境艱苦危險，死人的事經常發生。當時，根紅苗正人家出身的子弟，大多不願意報名。而對於么舅，這可是個擺脫熟悉人歧視目光的難得機會……

據瞭解，「開發神農架林區指揮部」下轄的約六千多幹部、工人中，絕大多數如么舅一樣，出生於「五類分子」等「入另冊」家庭，由此亦可見一般。

比么舅大三歲的內向木納二舅，離開黑蔭灣的時間則要稍稍早一些。不過，二舅後來的經歷，也更心酸坎坷。

一九五三年、或者是五四年吧，「血統論」尚未盛行。初中生二舅，為了改變作為「人下人」的命運，通過埋頭苦讀，好不容易考取了縣裏辦的「簡易初級師範」。畢業後，由於受家庭問題拖累，仍只能回家種田，白白遭來好多人嘲笑。外婆看在眼裏，疼在心裏，托人牽線介紹，於一九五五年放二舅去古夫鎮一戶姓羅的貧民家庭，當了上門女婿。

結婚之後，倔強且不服輸的二舅，又於一九五七年，憑藉全縣第二的成績，考進了「宜昌地區農校」。一九六〇年畢業後，幸運地被分配到「地區農科所」工作。面對這份得來不易的工作，二舅分外珍惜，他小心謹慎，任勞任怨，生怕節外生枝。

誰知恰逢三年自然災害時期，為壓縮非農業人口，全國上下，各單位都大量裁員，精減機構。二舅第二次因家庭出身問題，於一九六二年，又被清退回了原籍。

灰溜溜回到古夫鎮時，性情溫和的二舅真可謂傷心透了。畢竟經歷了太多的生死浮沉，他雖然無可奈何，倒也能坦然面對。回家後的第二天，在二舅內心，可能已經下了不再作無謂折騰的決心；也沒跟二舅媽商量，自作主張去了鎮船運社，去當那不途窮末路沒人幹、什麼時候也都不會遭人擠兌的香溪河上的縴夫。

從此以後，無論寒來暑往，雨雪風霜，二十多歲的二舅打著赤腳，弓腰撲伏在五彩斑斕的鵝卵石上，緊繃纖繩，有時甚至赤條條一絲不掛，奮力行走在綢帶一樣清幽的香溪河兩岸──就這麼一直幹到上世紀八十年代退休。

前些天，二舅的大女兒還對我講起一件往事：她結婚前夕，二舅遞給她一封長信，對於因自己的「地主」出身，以及當縴夫家貧如洗，連累了女兒而傷心不已……

長信通篇充滿了內疚和自責。信中有一段話，雖然已經又過去了二十多年，二舅的大女兒在復述時，仍忍不住眼淚汪汪。原話如下：

「楊白勞雖然窮，逢年過節還買根紅頭繩給喜兒紮辮子……這麼些年來，我連一根紅頭繩都沒有給你們幾姊妹買過──我的確是個不稱職的父親，連楊白勞都不如啊！」

如今，二舅的四個女兒、一個兒子都已成家立業，事業上各有所成；晚年生活幸福的二舅，已經有孫女和重外孫了。

　　我曾問過二舅：「十一屆三中全會」後落實政策，您為什麼沒有要求回地區農科所？

　　好人二舅略顯靦腆沉默片刻，抬起頭溫乎乎笑著說：「……那幾個大學畢業的，好像後來都收回去了。我們中專畢業的，聽說沒有回去幾個。嘿嘿，一輩子差不多快過完了。沒得到通知，我也懶得過問。」

15

　　自從得知山裏開始「土改」，母親心底便暗暗忐忑。其實，前面也說過，為分家那樁子事，母親一直跟她的地主爺爺和二爹感情疏遠。話雖然如此說，因為生活在弱勢家庭中，性格賢淑、且處事有決斷的母親，自幼就懂得體貼長輩；出嫁之前，亦是幾個年幼弟弟心中的依靠。母親後來曾兩次去獄中探望「退役中校」，不過為了遵從「血濃於水」和「長幼有序」的古訓，骨子裏，其實更同情弱勢的貧窮山民。

　　後來，「退役中校」的被槍斃，大大出乎母親意料。她開始感到後怕，也更擔心可能連累丈夫及子女的前程，於是乾脆同黑蔭灣娘家人完全斷絕了往來。

　　整個社會全方位的飛快變化，和街頭巷尾火焰一般的昂揚激情，如美麗的海市蜃樓，令人鼓舞，令人神往。識文斷字的母親，雖然早已為人婦，為人母，面對新觀念、新事物，竟然也曾動過不顧一切投身其中的念頭……

　　母親說：「部隊打下縣城後，特別差識字的年輕人。徐仁久（舊政權督學，「鎮反」時被槍斃的兒媳，年紀比我還大點，都報

名跟部隊走了；兩歲的兒子哭鬧著不鬆手，還挨了她一巴掌……那年你姐姐兩歲多，你還沒有滿歲，實在硬不下心一走了之。更何況你爸爸當時正春風得意，你爺爺也忙得利害，都不會答應讓我走。」

　　那段日子，全國上下熱火朝天所進行的事業，開天闢地，前所未有！原本生活在社會最底層的貧苦百姓，興高采烈揚眉吐氣。就連那些在舊政權時期鬱鬱不得志的小知識份子，也如同薑子牙盼來了周文王，無不傾全力效命。

　　時年二十七歲的父親，突然間，像有著強烈表現欲、卻遭冷落太久的演員，終於等到了可以盡情揮灑的舞臺。他精神抖擻，和五行八作裏的中、青年積極分子們一起，整日出入各種會議。喜好出風頭的父親口若懸河，引經據典，言辭激烈地抨擊舊制度；或者和年輕教師們一起，到鄉下配合武裝，為新政權大造輿論……

　　在那段熱火朝天的歲月裏，就連一向「格骨」，而且已有一把年紀了的爺爺，也煥發出積極性，並很快被委任為街道的居民小組長。老人家也是天沒亮便出門，奔走於各個街頭巷尾，動員居民參與新政權的諸如送信、籌糧、修堤、開會、支前等等活動，經常忙到昏天地黑才回家。小棧房的生意也沒工夫管，還曾乾脆歇業過一陣子。

　　那會兒，母親既為鬱悶的父親終於青春煥發而由衷高興，同時，內心深處又為娘家人的不可測命運而暗自揪心。作為出生於富裕家庭的姑娘，母親只擅長針線女紅。自出嫁之後，買菜買糧，燒菜作飯，洗衣掃地、挑水劈柴等粗重活都得自己做，從頭學；還要伺候夫婿和公婆，還要照顧年幼的姐姐和繈褓中的我。

當時，母親想像大舅那樣義無反顧投身革命，一定左右為難過，怎麼也下不了決心吧。

　　隨著「清匪反霸」運動在全縣如火如荼全面鋪開，城裏隔一陣子就要召開大會，公審或槍斃從各鄉鎮押送上來的地主、惡霸、舊政權官吏、反動會道門頭子……

　　母親說那年的天氣格外炎熱，繈褓中的我，肚子上漚出了好多個膿瘡，整日鬧得利害。那時候我們家還住在緊挨南城牆的高坎子屋裏，城牆外就是河灘。母親說：「……城隍廟靠河灘這面，搭有高高的司令台。縣裏開群眾大會都在那兒。扛著大刀長矛的民兵，成路成行來來去去，河灘上只要有槍聲響起，都會唬得你哇哇大哭！」

　　娘家人的被抓、被殺，或被驅逐，母親當然有所耳聞，獨自閒靜時偶爾想起，也會禁不住黯然神傷。但是情感歸情感，細細思量之後，母親堅持認為：新政權的「鬥地主，分田地」等等「均貧富」作法，並沒有錯刨根問底，還得怪她爺爺和二爹等富人們長期以來只認錢，待窮人太刻薄；或者只顧自己花天酒地享福太多，才遭報應……外公上吊自殺固然令她暗自心痛，卻也並沒有太大的抵觸情緒。

　　在那兩、三年的時間裏，志得意滿的父親、和揚眉吐氣的爺爺，雖然整日忙碌，因為心靈的腰板伸直了，胸中的怨氣也消了，走哪兒都看天天高，看地地闊……讓他們心底唯一不太舒服、或者說沒面子的，就是那位結婚分家之後，帶著老婆孩子住在香溪河上游沙坪子另過的我大伯。（嚴格說來，還有我的三位

已是落魄地主婆的姑姑。不過，依照「嫁出門的女，潑出門的水」衡量，她們基本上屬外人之列。）

大伯死得早，自從我記事，好像也見過幾面，卻並沒有多少印象。聽說他生性懶散木訥，模樣兒也遠不及我父親長得帥，更不及我父親那般受爹媽寵愛；只讓讀了幾年書，會做賬，一手毛筆字寫得不賴，當過舊政權平水鄉的徵收主任。

可能是成長環境使然，大伯憨厚，軟弱，稀裏糊塗不愛操心。當初分家時，爺爺曾給過大伯一個小鋪面，沒經營兩年，就讓他虧乾淨了。

臨近政權更替的那幾年，家裏的情況雖然依舊每況愈下，爺爺仍給過大伯一些百貨和食鹽，結果，因為他疏於管理，照舊虧得精光。大伯當上鄉徵收主任之後，更養成酗酒和打麻將的嗜好，也是由於疏懶，經常誤事，沒幹多久，就給撤職了。

因為掙不來多少養家的錢，大伯呆家中也是受氣包；脾氣火辣、嘴巴利索的大媽，根本不拿正眼看他。他只能瑟瑟縮縮喝點小酒，或者悄悄找個地兒打點小麻將，常常好多天沒人同他說一句話。爺爺提起他來就歎氣，是恨鐵不成鋼哩。正如俗話所說，大伯可謂「生就的木頭造就的船」，誰拿他也沒有好辦法。

忠厚窩囊的大伯，不像我父親一表人材，自幼就受所有人的溺愛。父親兩、三歲仍纏著婆婆揪奶吃，七、八歲時，出門作客還要讓爺爺背，十來歲已經敢從容驕傲地面對年長的客人，搖頭晃腦背誦幾句唐詩宋詞！

而大伯小時候因口齒笨拙，一直遭人忽視。稍稍長大點，就開始幫著料理小店鋪，整日恐怕也是戰戰兢兢如履薄冰。爺爺強

悍「硌骨」，遇上不順心的大事小事，大伯恐怕是他唯一發洩的對象。正因為如此，才養成了唯唯諾諾，不敢伸頭作主的性格吧？

大伯畢竟沒有掙下啥田產，「土改」時候，「地主」帽兒倒是躲脫了；任過舊政權小蘿蔔頭的「歷史污點」，明明白白擺著，屬「偽方」壞分子之列。所以，一直到五九年被餓死，每逢村裏開群眾大會，他仍會被揪去挨批鬥。

到一九五二年以後吧，隨著「知識份子思想改造」和「三反五反」運動結束，一些臨時機構撤並，紅火熱鬧的群眾大會漸少，百姓逐漸回復到溫吞水一般的尋常生活。

如今，歷盡坎坷，年已八十六歲的老父親，越來越懶得回首往事。興致好的時候，偶爾也會講點兒自己在「清匪反霸」和「鎮壓反革命」的運動中，如何參與縣上掌握生殺大權的「五人小組」議事，因出口成章量罪準確，而為書記、縣長所器重的故事。而讓他老人家津津樂道，且不厭其煩重複多遍的經典例子，竟然是在處置他的大姐夫和婚姻介紹人余伯華時，同縣委書記之間的對話！

在土改、鎮反運動初期，為了形成一種強大威懾，從而消除膽小山民們的後顧之憂，區鄉工作隊長們一度都擁有處決權。隨著農民的作主意識和仇富情緒被逐漸點燃，草菅人命的事不可避免也偶有發生。據說，一些極端情況反映上去之後，毛主席從北京傳下話來，說「殺人不是割韭菜」，才將生殺大權收歸到地區行署。

可能就在那段時間吧，縣委書記鄧林，召集來作為教員的我父親，還有搬運工人喬某等十多位民意代表，徵詢如何處置尚關

押著的幾個前政權要員。聽喬某等發言之後，鄧書記突然抬頭問父親：「小萬，你說說，余伯華我們怎麼處理？」

父親說：「余伯華作為國民黨縣黨部的監察委員，按其地位身份，槍斃他並不冤。但時過境遷，就算群情鼎沸，作為政策性強的一級政府，只能憑上級的指示謹慎處理……我建議，判他個死緩或者無期。」

鄧書記表揚父親說：「小萬分析得很對，現在殺不了。」同時批評公安局的人，「你們怎麼搞的，拖拖拉拉，這麼重要的國民黨骨幹分子，如今殺不成了啊！」

據鄧林書記後來所寫的回憶文章記載：所謂「五人小組」，是一九四九年底組建的，其成員為書記、縣長、宣傳部長、組織部長、公安局長。許縣長有個大石頭章子，用於對外發佈告、通知。縣政府下設民政科、財政科、工商科、教育科，負責除土改和剿匪之外的其他行政工作。普通老百姓起初只知有縣長，不知有書記……

鄧林是一九五二年初調離興山的。也就在那年，父親由小學去了縣一中教政治課。

父親既自負又易衝動，言談舉止喜好呈一時之快；按部就班地站講臺上照本宣科，估計並非所願。我也曾問過父親，當初蒙書記如此器重，為什麼沒能離開學校，去縣政府或者法院當差，試著往仕途上發展什麼的。父親一臉不高興，似乎不願提那檔子事，只憤憤地說了一句：「是國縣長報復我。」

國縣長是我們縣第二任縣長。說他會去報復一位年輕教員，恐怕隔遠了點。我猜想，國縣長可能有點官架子，不像他的前任許縣長那麼偶爾到我們家，笑嘻嘻跟父親聊幾句，不時還會拍對

方肩膀誇獎⋯⋯自視甚高,且自尊心極強的父親,突然遭遇冷落,一時轉不過彎,才對國縣長格外覺得生分吧?

從本質上講,父親天資聰慧,且悟性極高。大舅少年時當過父親的學生,他回憶說:「設在余家花屋的『鄉國民小學』買了架腳踏風琴。你爸不過悶著頭獨自擺弄半天,已經能較流暢地彈奏民歌小調了。他從沒學過音樂,後來竟就著風琴給校歌譜曲⋯⋯」

由於自幼家境每況愈下,家道急驟敗落,悲哀難於名狀,壓抑得父親喘不過氣來。他不是個動輒就會落淚的脆弱男人,只能打落牙齒連血吞;在人前西裝革履,頭顱高昂,苦悶點點滴滴淌進心田,滋養著驕傲的坏芽⋯⋯久而久之,使得父親格外地愛爭強好勝,事無巨細都要固執己見,只承認自己的真理。如他這一類個性,一般都說話刻薄,思想封閉,而且極要面子,不會容人;當然,周圍的人也很難容他。

後來,父親又跟縣文教科長起了衝突,雙方都懷恨在心,這當然不是件好事⋯⋯

一九五四年吧,父親懷揣一腔「此地不養爺,自有養爺處」的孤傲心情,獨自一人去了鄰近的遠安縣一中工作。

一九五一年的年末,隨湖北省委土改工作團,在洪湖縣某鄉鎮擔任工作隊副隊長的大舅,勝利完成任務,仍回到「革命大學」第四部,繼續從前的工作。

第二年,大舅的生命軌跡,再次面臨重大轉機。省政府主席兼「革大」校長李先念,專程來學校作動員報告,號召具有初、高中學歷的有志青年,去報考專業大學深造。

　　李先念將軍信馬由韁，談吐風趣：「⋯⋯聽說，有人還擔心：都二十出頭、三十大幾了，四年大學讀完，標致漂亮女生還不讓人挑光了？分明是目光短淺嘛！大家想一想，你們中的夠條件者，只要抓緊復習，憑真本事考進去，那麼，他們就成了我們党培養的第一批高級知識份子。不得了哇，金光閃耀哩！到時候，這些個幸運兒昂首挺胸走大街上，滿城的漂亮姑娘，只怕都會你爭我搶地在後面猛追⋯⋯」

　　就這樣，大舅通過一陣子廢寢忘食的惡補，終於考進了中南礦冶學院。進校沒多久，「供給制」改為「薪金制」，大舅的薪餉是六十四元，脫產讀書減半，每月實發三十二元。那時候，一個鹵雞蛋才一分錢，一盤炒豬肝一角五，大舅說工資根本花不完。

　　帶薪在中南礦冶學院讀書的四年，稱得上是大舅這輩子最愜意、最舒暢的日子。雖然同學之間偶爾也有小矛盾、小糾葛，但個個都珍惜時光發奮學習，且目光遠大，憧憬著未來；都慶倖自己趕上了一個嶄新的好時代！

　　那時候，大家畢竟都年輕，就像春天來了，花木要綻放，愛情也在一顆顆滾燙的心靈裏躁動著。我看到過一個統計資料，說五十年代中期，曾有過一次離婚高峰，原因則是由於相當一批三十歲左右的進城幹部換老婆。但是，如大舅這些才二十郎當的知識青年，又都剛剛接受了最純粹的革命教育，差不多人人豪情滿懷，以天下為己任。至少在表面上，對男歡女悅一類的小資產階級情調，他們會硬裝作不屑一顧。同學間的愛情，大多進行得隱蔽而彆扭，極少能夠修成正果⋯⋯

這其間還發生了一件事：一九五五年暑期，兩年多沒離學院的大舅，決定回武漢看望一位「革大」同事，也是洪湖土改時的戰友陳某，卻遭到扣押。保衛科的人員搜走了他的學生證，還像審訊犯人一樣，聲色俱厲地呵斥，要大舅老實交待與陳某的反革命關係，及相互聯絡方式。一直折騰到天黑，大舅才被稀裏糊塗釋放了。他左思右想，也不明白：那個與他同齡的姓陳的前戰友，怎麼竟會一下子成了反革命？

通過這件事情，使大舅體驗到遭牽連的可怕，以及避嫌的重要。一九五六年，他以優異成績畢業，隨即被安排到瀋陽冶煉廠工作。這時候，二十五歲的他，已經暗下決心：決定從今往後，不再同黑蔭灣地主家庭中的任何成員再聯繫，以便一心一意地投身到史無前例的無產階級偉大事業中。

補遺 **孤獨的新娘**

我在前面寫過：土改後，少年二舅和外婆、么舅，晚上只能在稻草中禦寒，如此過了一年多。

其實，老年二舅回憶時，說的是四個人。我因為擔心枝蔓過多，自作主張，把那位苦命姑娘刪去了。

事後也覺得奇怪：那種時候，一位姑娘家，為什麼竟會陪地主婆，和她的兩個少年兒子一起受罪？於是忍不住去問母親。母親聽罷，笑得前仰後合。當時，大舅也坐在旁邊，抿著嘴巴作笑模樣，淺淺的笑意裏似乎帶那麼幾絲酸澀與尷尬意味，卻並沒有吭聲。

　　原來，這位陪著外婆和二舅、么舅一起受苦的姑娘，就是大舅十六歲時，家長給他娶的媳婦。

　　是一九四七年。姑娘嫁過來時十七歲吧，性格文靜，長得漂亮苗條。大舅畢竟是長房長孫。新郎、新娘和雙方家長，騎著四匹高頭大馬，婚禮辦得十分熱鬧！但大舅內心不情願，嫌女孩不識字，沒過幾天，大舅就回縣城中學讀書去了。第二年又遠赴宜昌市讀高中，一直到四九年離家出走……

　　可憐的花季姑娘，就這麼一年、兩年，獨守空房。還沒有等到她單相思傷心夠，風雲變幻，她那殷實富裕的婆家和娘家，先後遭到清算、鎮壓，眨眼工夫，都土崩瓦解了。到最後，能填飽肚子，睡個暖和覺都成了大問題。姑娘除了悄聲落淚，有話無處訴說，平日裏只能強裝平靜，陪著她的婆婆，和兩個年幼的小叔子一起，為活下去奔波勞碌……

　　二舅、么舅次第離開了黑蔭灣之後，就只剩姑娘和我外婆相依為命了。婆媳倆又默默苦熬了一段日子。那時候，姑娘恐怕還在暗暗盼著，希望自己的丈夫有一天能回來……

　　一九五六年，在中南礦冶學院讀書的大舅，臨近畢業之前，給我母親接連寫來兩封信，簡明扼要講了前因後果，托母親幫他去法院辦理離婚。

　　這年，孤獨的新娘已經二十六歲了。據母親回憶，姑娘淌著淚簽完字，就蔫蔫地走了，自始至終，沒有說一句話。大舅這一方，則是由我母親幫忙代簽的。

　　姑娘不久後又嫁了人，據說日子過得並不幸福……

　　有一年，外婆過生日。已為人婦，可能還為人母了的這位姑娘，還專程來黑蔭灣送恭賀。曾經的花季少女觸景生情，究竟想到了些什麼呢？反正這對曾經患難與共的前婆媳，相擁而泣，哭了好一會兒。待情緒稍平復，兩個飽經風霜的女人，一位切菜，一位生火，然後，面對面吃了一頓簡樸的生日晚餐。從那以後，就再也沒了這位姑娘的音訊了……

　　寫到這兒，陡地又聯想到問題的另一面：當年，大舅毅然決然離家出走。除了政治傾向、思想觀念、興趣愛好等等，這樁父母之命促成的婚姻，也應該是原因之一吧？

　　馬克思也說過：「人們為之奮鬥的一切，都同他們的利益有關。」

　　正所謂「衝冠一怒為紅顏」！人生的悲劇或者說喜劇，便這樣拉開了幕布……

第四章

16

　　大舅十八歲離家出走投身革命，直到西元一九八八年五十三歲時，才重返故鄉。這其間，牽掛他最利害，而且千方百計尋找得最苦的，除了外婆，就是我母親了。

　　兵荒馬亂年月，誰家有人走失，本來屬平常事；何況如大舅這樣書生意氣且血氣方剛的少年！然而，在那時候的我們山裏，情況則不然。本地方言稱大腦為「腦筋幌子」，稱「沒腦筋」、「犯糊塗」之人為「『腦筋幌子』差二兩！」；稱那些不辭而別出走的為「犯逃字」，是最令家族蒙羞的恥辱事。

　　住在小縣城裏的母親知道消息後，憂心如焚，又不敢太聲張，急忙悄悄托人四處打聽，幾經周折，終於勉強弄清楚了大舅的出走方向……

　　提心吊膽到第二年，母親偶爾從別人的交談中又瞭解到，大舅已經去了湖北省革命大學工作。直到這時候，她那顆懸著的心，才稍稍放寬；甚至暗暗地為大弟弟感到慶倖，為他的選擇感到由衷自豪。

　　平日裏思想活躍，處事我行我素、洋裏咣當的少年大舅，直到後來又考進了中南礦冶學院，帶薪讀書之後，才給我母親寫來第一封報平安的短信。母親雙手捧著讀了又讀，淚花在眼眶中閃爍──實在是覺得大弟弟真了不起哩！

　　一九五六年，大舅以優異成績從中南礦冶學院畢業了。在奔赴瀋陽冶煉廠工作之前，他又和母親有過幾封簡短的通信，還托母親幫忙辦了那椿離婚案件……

　　再後來，大舅就音訊全無，彷彿從人間蒸發了……

　　到了一九五七年，我們家因父親入獄，突然陷入困境，一家子都淪為「人下人」。那段日子，母親不得不整日為全家老少七口的衣食而碌碌奔忙；雖然自顧不暇，仍聯絡還在縣一中讀書的么舅，先後往瀋陽發去了三封長信尋人，卻統統似泥牛如海。從此，遠在東北的大舅，讓母親牽腸掛肚二十一年！

　　母親天性不服輸，但內斂剛毅，處事低調。答應跟父親結婚那會兒，我估計她肯定如小鳥初次振翅那般喜悅；心底肯定還描有藍圖，那就是：相夫教子，刻苦爭氣，盡心盡力去建設好這個完全屬於自己的溫馨小家庭！

　　嫁過來之初，我們家的下坡路尚未走到最底……解放大軍佔領縣城，地方上經濟千瘡百孔，百廢待新，百姓們居家過日子所必需的物資，暫時並未見富裕多少。由於沒有了大家族內部那種複雜、赤裸的利益衝突，讓母親感覺到：窮家小戶的生活雖清貧儉樸，但親情濃郁，關係和諧，心情還是要更舒服得多。

　　隨著父親和爺爺在群眾運動中日漸活躍，父子倆臉上晦氣漸消；取而代之於榮耀和自信的笑意。由於受「三綱五常」、「三從四德」等傳統文化影響，父親那意氣風發、指點江山的神氣模樣，一度令母親分外崇拜和驕傲。母親當然也瞭解父親身上那隨心所欲、無所顧忌，好作驚人語，極易出口傷人的秉性，平日裏雖然偶有腹誹、規勸，但內心對丈夫的聰明才氣，一直仍都是十分欽佩……

一九五四年，父親去了遠安縣一中。母親至所以沒有跟過去，主要是考慮到爺爺婆婆沒人照料，再說也不太願放棄小棧房日漸紅火的生意。父親走後兩個月，母親突然得了副傷寒，又拉肚子，又發高燒，整日迷迷糊糊，翻身都嫌困難。八個月大的妹妹只得斷奶，由婆婆爺爺帶著睡，靠餵豆漿和油條，好不容易才養活下來。

母親在醫院裏躺了好一段日子。而這期間，小棧房的生意偏偏好得出奇。每到傍晚，渾身臭汗的背夫、腳力，鬧哄哄進進出出。而擔任著街道居民小組長的爺爺，屋裏屋外兩頭忙碌，仍窮於應付。婆婆正是利用了這個當口，又一次提出來，要去接落難的我三姑回娘家：一是救她們的命，二是可添個幫手，幫忙照顧棧房的生意。

在那之前，姓黃的三姑父作為峽口鄉一個大地主，早已經被鎮壓了。地主婆三姑亦依照當時的習慣作法，被掃地出門，趕到了山陡樹密的孟家林。當時，三姑的兒子五歲吧，女兒還沒滿歲。貧農團給了她們一點生產工具，和半袋子包穀，強迫她們去自食其力。小腳的婆婆聽人說：三女兒和年幼的外孫、外孫女，住在用茅草、樹枝搭建的「人」字形窩棚中度日如年，傷心地悄悄哭過好多回……

爺爺起初因為擔心受牽累，硬著心腸並未理睬。這會兒，他也實在是分身無術，左右為難，就大著膽子，托人把三姑母子三人悄悄接回家中。

脾氣火爆的爺爺，三年前局勢尚未穩定時，為了「支前」，他天天支派人送糧送信，組織居民修橋補路，工作方法粗暴，得罪過一些人。很快，地主婆三姑攜帶兒女，從改造地逃回娘家的

事，就遭人舉報，說爺爺沒有跟地主婆女兒劃清界限，同情剝削階級……

最終，爺爺的居委會小組長職務，也給罷免了。

「硌骨」的爺爺從此灰了心，懶得再去關心外面的熱鬧，呆家中一心一意地料理起小棧房。母親出院後，加上三姑，人手又開始嫌多。婆婆這時想起在遠安縣一中的我父親沒人照顧，於是頻頻催母親趕快過去看看。

就這樣，母親拖著大病初愈的身體，於一九五四年年底，帶著五歲的我，和七歲的姐姐，輾轉去了遠安縣城。

父親租住的小民房裏雜亂無章，看來在遠安縣一中混得也並不太得意；突然又增添了三個人，只得在縣城北門外，重新租了間稍大點的民房。

父親那時候每月工資五十塊錢左右吧，還得給爺爺婆婆寄十五塊。第二年，弟弟又出生了。一家五口，小日子雖然能過，並不算太寬餘。姐姐和我開始上小學之後，母親不願閒居家中，同時也想多掙點錢貼補家用，便去了一家成衣鋪學習縫紉。

那兩年，對於我們這個小家而言，稱得是物質生活富裕小康，精神層面溫馨安祥的好時光，從殘存下來的幾張泛黃老照片上，可以看得很清楚：讀小學三年級的姐姐笑嘻嘻一身花格子連衣裙；剛發蒙的我，身穿及膝的薄呢子短大衣，稚氣裏略帶點傲慢；繈褓中的小弟弟偎依在母親懷裏，甜甜地睡得好香！只有父親，雖然腰板筆直，目不斜視，微皺的眉梢仍露著鬱鬱不得志的隱憂……

　　一九五六年，從北京到各地方市、縣，到處敲鑼打鼓，宣告
社會主義改造基本完成。報紙上連篇累牘宣傳，說蘇聯用了十二
年時間建立秩序，恢復經濟；用了三十七年才完成社會主義所有
制改造。而我們新政權只用了三年建立秩序，恢復經濟；用不到
三年時間完成了所有制改造！同年，毛主席在中央召開的關於知
識份子問題會議上，也明確指出，現在叫技術革命，文化革命，
革愚蠢無知的命，沒有知識份子是不行的，單靠老粗是不行的。

　　隨後不久，他又提出了「百花齊放，百家爭鳴」的方針。

　　一九五七年四月，中央發出了《關於整風運動的指示》。五
月，中央又發出《關於繼續組織黨外人士對黨政所犯錯誤缺點展
開批評的指示》，號召廣大群眾和黨員，積極地向各級領導和黨
員幹部提出批評和建議……在後來被排在所謂「四大」頭兩位的
「大鳴、大放」，就這麼自上而下地在全國展開了。

　　根據人舅後來回憶：那段日子，特別是在那些四九年前後
投身革命、政治上幼稚且書生氣十足的年輕知識份子身上，由於
七、八年來順風順水，所向披靡，大多懷著「糞土當年萬戶候」
的激情！連他這個進廠還不到一年的年輕技術員，憧憬起未來，
也激動不已，以天下為己任的豪情，終於給充分調動起來了……

　　好多年之後，母親講過一段「大鳴大放」初期，真實地發
生在黑蔭灣親人身上的往事，實在令人啼笑皆非：說的是運動剛
展開時，已經被劃作地主婆的外公的小妹妹（我喊她小姑婆），
竟然也有鄉幹部前往發動，說：「你大哥上吊，二哥遭鎮壓，財
產也被沒收了。如今你有什麼意見？」讀過幾年書的膽小姑婆，

低眉順目回答：「沒收的是封建財產，鎮壓的是大惡大霸，都正確，我沒有意見……」

……就好像後來的「文化大革命」，從初期的口誅筆伐，最終演變成了亂蓬蓬動槍，動炮——「動員群眾幫黨整風」很快也由暢所欲言，變成了七腔八調，口無遮攔，鬧嚷嚷有些失控了。某個唱「蓮花落」的瞎子藝人，大概因一些日常瑣事而心存不滿，亂編詞兒唱道：「下定決心去砍柴，不怕犧牲摔下岩，排除萬難找屍體，爭取勝利抬回來。」

侮辱篡改「最高指示」，這還了得！唱「蓮花落」的瞎子藝人很快被揪去狠狠批鬥了幾晚上，最後，嚇得躲家裏上吊自殺了。

所謂群眾運動，受從眾心理驅使，一旦被鼓動起來，簡直如乾柴烈火，眨眼就能形成燎原之勢……「整風」從隻言片語、生活作風著手，很快漫延到工作方法、政治觀念……基層幹部受到的攻擊方方面面，而且越來越利害，漸漸地，都有些沉不住氣了。

另一種聲音反彈似的，自然而然，也在社會上悄無聲息漫延傳播著；由於帶著居高臨下的半官方腔調，所以更具某種威懾力量：「別看現在鬧得歡，當心日後掛白幡！」「放得越利害，摔得越實在！」「引牛鬼蛇神出洞！」「槍打出頭鳥！」……

正在成衣鋪裏當徒弟的母親，從娘家人前幾年的遭遇中見識了政治鬥爭的厲害和血腥，並從中學到了謹慎，所以格外擔心這兩年憋了一肚子怨氣的父親會跟著起哄，去標新立異胡亂「鳴放」，見父親回家，就小小聲勸他老實教書，對其他什麼事兒都莫要亂言語。

母親哪裡瞭解，敏感、虛榮，且自以為是的父親，內心所嚮往的其實是萬人仰慕、風風火火的日子，他從單調枯燥的教

書生涯中，根本品不到半點樂趣！大多數時候，父親對於「婦人之見」基本上持不屑態度，懶得辨白，一般會捧本《宋詞選》什麼的，搖頭晃腦吟詠；或仰面躺木床上，悶悶地想自己的心事⋯⋯

那段日子，母親、父親、姐姐和我的身體都欠佳，輪換著害傷風或感冒。家中的火爐上，最多時候，供著三個「噗噗」噴霧水的藥罐子，租住房內藥味彌漫。

17

人生真好比「白駒過隙」，我們家在遠安縣所度過的那段日子，似乎不過一眨眼工夫，已經是五十多年前的往事了！

母親一輩子為人低調，難得在人多處駐足，對家庭以外的事情知之甚少。而父親又過於擔心顏面掃地，雖大半生坎坷，卻從來都諱莫如深，「大鳴大放」期間，他在遠安縣一中，究竟是如何一步步陷進政治漩渦的，家裏人誰也說不太清楚。

兒時的我不合群，偶爾也會獨自去一中校園裏胡亂竄。我還隱隱約約記得，一九五七年五月、六月，遠安縣一中校園內，不光隨風抖動的花花綠綠的大字報多，興奮或者惶惑的來來往往行人也不少，一個個都如螞蟻般躁動不安。那年我剛踏進小學二年級，對大字報海洋中的大幅漫畫還留有印象：所描繪的內容，好像是某領導欺負女教師，或者拍桌子罵人，不懂裝懂瞎指揮等等吧。記得有一個父親也是教員的小夥伴，曾鬼鬼祟祟湊我耳邊說：「是你爸爸畫的。」當時，我還蠻有點得意。

⋯⋯終於有一天，父親沒有按正常時間回家來吃中午飯。

勉強捱到吃晚飯的時候，一家人倚靠著門框，望眼欲穿，仍沒能看到父親的身影。母親懷抱才一歲多的小弟弟，在房間裏走過來，走過去，猶豫了好一會兒，終於忍不住蹲下身子，輕言細語地吩咐我陪著姐姐，去學校看看出了什麼事情？

在我的印象中，遠安縣一中占地很大，裏面有水池、花園、涼亭；還長著好多高大的無花果樹，綠蔭蔽日，曲徑通幽，蠻好玩一個去處。那天我並沒將母親的吩咐太當回事。陪著姐姐究竟看到什麼？如今是一點兒也回憶不起來了。

但是母親記得很清楚。她說：「那天，好晚了，你們倆才回家。你姐姐說：『……爸爸坐在屋子當中，周圍有好多人，都在惡狠狠說他。也不准他多說話……』」

爸爸從那天起，就再也沒有回家了。全家人在焦慮中又過了幾天，才輾轉打聽到，說是被關押進汪家畈農場裏去了……

起訴和審判父親那天，母親正在門前生煤爐，準備一家人的早飯。兩位身穿白色警服的法警，押解著父親一行，從我們家的租住房前走過。疲憊的母親不經意伸直腰板，同父親滿臉窘迫投過來的怯怯目光，撞了個正著！

母親忙丟了手頭的活兒，踉踉蹌蹌一直跟到縣檢察院大門口，由於擔心家中的三個娃兒無依無靠，沒敢走得太近。母親隔遠遠望著站臺階下衣衫不整的父親，一個勁兒默默落淚；突然想到該給父親拿點換洗的衣服，於是扭頭又朝家裏跑。等母親捧著幾件乾淨衣衫再來時，空蕩蕩的縣檢察院大門口，早已看不到人影兒了……

父親是以「扇動群眾向黨進攻」的罪名被劃為「極右派」；又因一九四七年在三青團的那一個多月經歷，被定罪為「歷史反革命」。兩罪相加，判了父親六年有期徒刑。

　　回過頭再來看：父親自「湖北聯合中學」畢業，到五七年入獄，不過先後在兩個政權下的小學、中學裏，當了十來年算不得安分、所以也並不太稱職的教員。當初投靠「三青團」，大概也屬耐不住寂寞，渴望出人頭地……到後來，父親至所以又全身心地積極參與「鎮反」和「土改」運動，除了年輕人對新思想、新事物的熱切期盼追求、以及「仇富」心理使然之外，恐怕應該還有那麼丁點投機的成分吧。

　　大凡「投機」之人，圓滑應是其看家本領。自負且清高的父親，偏偏不屑於此類下品「技藝」，仍一如既往桀驁不馴。他在小學、中學除了教音樂、美術，就是教政治——政治是一門不斷變化中的學問，而父親的思維方式和待人接物習慣，卻恪守天馬行空我行我素，從沒有想過如何投其所好，去適應或改變……落如此下場，其實也屬必然。

　　也許是天可憐見，自從父親遭到關押之後，母親、姐姐和我的病體，竟不治而愈。那幾個藥罐子，漸漸地也都給丟進牆角落裏了……

　　作為家中長女的十歲的姐姐，那時已經很懂事了。據她回憶：父親遭關押之前，她一直擔任著的班長、學習委員、少先隊中隊長；一夜之間，撤了個精光，人也從「白天鵝」變成了「醜小鴨」。為了分擔家中負擔，姐姐經常一個人跑到汪家畈農場扯豬草，由於知道父親關在裏面，格外害怕這裏的管理人員。她戰戰兢兢好不容易扯到滿滿一籃子豬草，回家後，還得細細剁碎。每斤豬草一分錢，累得腰酸背疼，能掙到三角多錢。

　　那真是一段經濟極度窘迫，根本生不起病的日子。母親為了供養讀小學的我和姐姐，以及兩歲的體質虛弱的弟弟（母親懷著弟弟時，副傷寒尚未痊癒。弟弟剛出生那會兒，如小老鼠一般瘦小），在送走父親的第二天，就去了打米廠做苦工。

　　從小生長在富裕地主家庭、後來又作為教員妻子的母親，重體力活從來未幹過。第一天在碾米廠，她被安排往風斗上扛籮筐。裝滿穀子的籮筐重六、七十斤，母親只扛了半天，就再也支撐不下去了。又換到碾米機下面收穀殼。那裏雖然勞動強度小，但塵埃滾滾，嗆得死人！更要命的是掙錢太少，根本養不活一家四口……

　　勉強做十多天之後，母親又去了縣醫院，為傷、病人洗滌沾滿血漬或汙物的繃帶、衣褲、被褥。雖然錢掙得稍多點，由於擔心看不見的細菌可能傳染孩子們，也只做了一星期。又找到建築工地，去做一些諸如背磚塊，和灰漿，挖牆基之類的苦力活……母親牙關緊咬，拼盡全力，什麼髒活、累活都幹過，所掙的錢，仍然沒法兒維持生計。每每夜深人靜，要強的母親淚往肚裏落，真正有些絕望了。

　　父親被押往宜昌市桃花嶺監獄，是一九五七年的八月初。

　　到九月，身心交瘁的母親，感到實在無力繼續在異鄉獨自支撐，終於決心返回故鄉了。父親走時，家中只有四十元錢的積蓄，母親一直沒敢花。她心裏清楚：這四十塊錢是這個家庭最後的一點保障，不到萬不得已，絕對不可以動！

　　母親將租住房裏的床鋪、櫃幾、桌椅，以及鍋、碗、瓢、盆等等帶不走的器物，統統賤賣了，加上近一個月打工所掙的那點錢，總算勉強湊夠了路費。

　　臨行前那天晚上，母親想到了身邊的三個娃兒，和山城老家那邊公婆及小女兒往後的生活，從不求人的她，心情沉甸甸，給遠在瀋陽的大舅寫了封長信，希望這個大學生弟弟將來能夠多少接濟點兒，幫助她度難關。

　　母親哪裡知道，就在一個多月前，也就是一九五七年的七月二十一日（五十多年之後，七十多歲的大舅仍然清楚地記得這個日子），也被劃為「極右派」的大舅，已經給關押進了一個名字叫「馬山家子」的勞改農場，也成了「人民的敵人」。

　　母親的求援信大舅沒有收到，可能早給丟進某專政機關的廢紙簍裏，當垃圾處理了。

　　一九五七年四月三十號，毛主席在天安門城樓，約見民主黨派和無黨派民主人士談話，要求對教育文化、科學衛生各個方面「切實攻一下」，並要在報上發表鼓動文章，引起大家注意，不然官僚主義永遠不得解決。

　　五月二號，《人民日報》就發表了《為什麼要整風？》的社論。根據手頭這本《史綱》記載，「廣大群眾和黨員積極回應，向各級領導和黨員幹部，提出了各種批評意見和建議。大部分發言不但正確，而且切中時弊……」

　　瀋陽市離北京近，是省會大城市，沒幾天工夫，學校，工廠，和行政、事業單位，全都聞風而動，熱熱鬧鬧，雷厲風行地搞起「整風」來了。

　　五月初，瀋陽冶煉廠的某會議廳裏，二十六歲的工程師大舅，第一個站起來發言；也太不知天高地厚，開場白還自謙是「拋磚引玉」，議論的竟然是國家大政方針。

大舅說：「……我們黨在制定國策時，要獨力自主，以民族利益至上為基石，既不倒向東方，也不倒向西方。不應該屈服於共產國際的決議，不要跟著史達林稱南斯拉夫是修正主義，罵鐵托是美帝國主義的走狗。」

後來我曾經問過大舅：建國初期，毛主席訪問蘇聯時，曾自稱是史達林的學生，回國後就講了要往蘇聯「一邊倒」；報紙雜誌上也頻頻稱「蘇聯老大哥」，「蘇聯的今天就是我們的明天」……這些都是基本國策啊！難道說學工科的他，當時竟不知道？

大舅說，他早在「革命大學」當教員，在「中南礦冶學院」讀書時，就多次聽過主席那段有關「一邊倒」講話的傳達。但是，書生意氣的他仍堅持認為：獨力自主，不一邊倒，更有利於國家和民族利益！

大舅的發言真可謂石破天驚，不過起初倒並未遭到壓制，當時的《瀋陽日報》好像還作為典型發言，給登出來了……很快，單純天真的大舅，就由典型跌落為罪人，批鬥會一場比一場更來得殘酷無情。等到大舅也開始感覺到害怕，一切都晚了。

嚴格說來，劃大舅為「極右派」，一點也不冤枉他。在上世紀五十年代中、後期，反蘇即反共，本來就是最基本的政治常識。雖然到了六、七十年代，連毛主席自己也罵蘇聯為修正主義，讚美南斯拉夫領導人鐵托「具有鋼鐵般意志」。但政治鬥爭此一時，彼一時，平民百姓哪裡能懂？實在說，也不需要懂。

從此，「極右派」分子大舅，開始了長達二十年的漫長「賤民」生涯，無論心靈還是肉體，都受盡了那個年代所特有的羞辱和磨難……

　　大舅一九四九年八月中旬離家出走，先在「革命大學」接受洗禮，又參加「土改」鍛煉意志。作為新政權帶薪培養的第一批高級知識份子，進的又是當時亞洲規模最大的冶煉廠。他原本應該有最光明美好的前途，專業上也可能做出更多貢獻。就因為他激情似火，太年輕，太不自量力，終於像花蕾一樣，正待綻放，就匆匆凋落了……

　　就在我寫上面這段文字的那幾天，在我母親家小住的七十七歲的大舅，又接到一個長途電話，轉身就進到我父親的書房裏，說了快一個小時，還捨不得掛斷……

　　知道底細的母親悄悄告訴我：打電話來的，是大舅在大學時，最要好的一位女同學，畢業後分配在廣東；還說到「整風」運動前夕，兩人雖然一個在東北，一個在南方，一直書信往來頻繁，而且已開始談婚論嫁了……

　　可歎韶光易逝，青春不再。兩位飽經滄桑的過來人，尚能這般偶爾打打電話，也好。

18

　　在我們南方，陽曆九月是個「三花臉」季節，炎熱、多雨，氣溫變幻無常。

　　母親帶著十歲的姐姐、八歲的我，和兩歲多的弟弟，灰溜溜地踏上了返鄉之路。

　　從遠安縣城到宜昌市，當時已經有了客車。細雨中，母親拖兒帶女，胸前、背後還掛著幾個沉甸甸的小包裹行李，費盡了九牛二虎之力，一家四口，才勉強都擠上了車。這時候，毛毛細雨

漸漸下大了。蒙塵的車窗玻璃上，細小水珠彙成的雨線，曲曲彎彎蠕動滑落，使髒兮兮車窗玻璃像一張張哭泣的臉頰……

車抵宜昌，細雨終於停止了。母親在靠近長江邊的一家小棧房安頓好住處，又買了兩個饅頭和一塊甜米糕，讓我們三個拿著邊走邊吃。然後牽著我們一路問著，好不容易，才找到關押父親的桃花嶺監獄。

父親灰頭土臉，鬍子拉碴，手掌抖抖地挨個兒撫摸了我們一遍，做作地勉強淺笑著，並沒有多說什麼……母親站一旁默默淌淚看著，臨分手時，只哽咽著輕輕說了兩句話：「你在裏面要多保重。娃兒和他們的爺爺婆婆有我……」

當年，我們家鄉的縣城尚不通公路，坐上輪船經由長江西陵峽抵達香溪鎮之後，只能依靠兩隻腳板步行。

我們當天下午買的船票。第二天去碼頭，那天，還弄出了點兒差錯，現在想起來，仍覺得又好笑，又十分的危險：

早早吃了些東西，母親為省錢，只雇了一輛人力車。她決定抱著弟弟，帶著姐姐以及幾件稍大的行李坐車先去候船室。忙忙碌碌收拾停當，臨到分手時，母親千叮嚀萬囑咐，叫我務必在小棧房守著幾個小包裹等她回來，再帶我一起走。

年幼的我不服氣，又怕母親發現，躲躲閃閃，悄悄尾隨著人力車跑。哪料到，下坡時人力車快，轉過一條窄街後，竟沒了蹤影！我硬著頭皮，朝前又追了幾條小街，等到完全絕望，打算重回小棧房時，卻已經找不到歸路了。

我哭哭泣泣流落街頭，陡然想到小棧房緊傍江邊，於是悶著頭先找長江……

母親說，她回來時見我不在，幾乎嚇掉了魂！出去找了好多條街也沒見人。再回到小棧房時，看到我蔫蔫地坐在門檻上，正嗚嗚哭得傷心……

三峽的風光真正美。坐著小火輪船，在絕壁突兀、江鷗翻飛的西陵峽行走，實在是件賞心悅目的事情；更何況少年不識愁滋味！

我和姐姐上了船就到處竄，一會兒朝著緊隨船尾上下翻飛的江鷗嘰嘰喳喳尖叫，一會兒目光追逐出沒風浪裏的小魚船發呆。更讓我驚歡的是：兩岸如刀削的絕壁上，白雲深處，竟然還有人家……只苦了母親，抱著小弟弟尋了這個尋那個，生怕我們再有閃失。

船到香溪鎮，已經是第二天的清晨。江面上籠罩著昏濛濛的霧氣，遭雨水洗過的遠山一片蔥蘢，山腰飄著乳白色長長霧帶，那景像，彷彿是神仙居住的地方。

從江邊到鎮上，是一條呈二、三十度的陡峭板車土路。幸虧母親在輪船上認識了位人武部軍官，和一個剛畢業、分配到我們縣上的女學生。軍官是奉命押運一批物資去我們縣城，事先雇好的「柳葉船」和縴夫們，已經在香溪與長江的匯合處等著哩。

軍官同情我母親孤身一人拖著三個未成年娃兒，讓縴夫把我們家的幾個稍大件行李，一併都扛到「柳葉船」上，說好讓母親到縣城後再去拿。母親千恩萬謝，連聲說真是幫了大忙！女大學生的行李，軍官也都給放上「柳葉船」，一併都捎帶著。

女大學生第一次見識高山峻嶺，十分高興能與本地人的我母親結伴同行。在船碼頭同軍官分手後，女大學生帶著我和姐姐，

蹦蹦跳跳，沿斜坡緩緩朝鎮上爬，將懷抱小弟弟的母親遠遠甩在後邊。面對著比畫兒還美的江山，女大學生興致勃勃，手舞足蹈，甚至還唱起了革命歌曲《二月裏來》：「二月裏來好春光，家家戶戶種田忙，種瓜的得瓜，種豆的得豆——誰種下仇恨他自己遭殃……」

氣喘吁吁爬到香溪鎮上，大家簡單地吃了點早飯。太陽從岩頭露出臉來。母親用祥巾背上小弟弟，領著我們，開始沿著香溪河谷，朝縣城方向進發。從這兒到我們縣城有近六十華里，山路彎彎，起初還算平坦，走起來並不太吃力。

一個多小時，走了約十多華里吧，姐姐和我已經明顯感覺到累，山路卻越來越崎嶇。那陣子，從我們縣城通往香溪鎮的公路，開工才一個多月。好多地段，爆破下來的石渣阻斷了小路，行人只能由亂石叢中攀爬通過。那些土層厚的地塊，因為雨水浸泡，如沼澤一般難行，稍不留心，厚泥漿就會沒過小腿肚，每前行一步都十分費勁。

第二個十多華里，我們這一行人，差不多用了三個半小時。女大學生漂亮的臉蛋兒上開始愁雲密佈，花格子連衣裙也被泥漿濺得爛七八糟。她一次又一次地看手錶，終於忍不住央求我母親說：「實在走不動了。我們找個農家先住一晚，明天再趕路吧？」

母親一直背著弟弟，兩手還提有小包袱，這會兒也早已累得臉色慘白。她苦笑著指前面兩裏多外山坳的一戶人家，說：「再忍忍。到那戶人家先弄點吃的，多歇會兒再走……」

正如本地俗話所雲：「六、七月的天，姑娘的臉」，說變就變！我們在那戶山民家，買了點土豆正煮著吃。突然天昏地暗，很快竟暴雨傾盆！

下決心摸到天黑也要回家的母親，這會兒真憂心如焚。好在半個多小時後，天又放晴了。歇到下午快兩點鐘，母親又背上弟弟催我們趕路。女大學生實在挪不動步，看看山民那昏暗的小土屋，還真不敢一個人住下。

到太陽離西山樹梢一竹杆多高時，疲憊不堪的我們，抵達了距離縣城八、九華里的平邑口。緊傍平邑口的一條山溝發大水，濁浪滾滾，想要今天過去已經不可能了。

好在這兒還有個縣供銷社的貨棧，母親和女大學生找他們的頭兒央求好一會兒，借得一間小屋，五個人在幾隻椅子、板凳上或靠或坐，熬過了一晚。

大山裏頭就是這樣：「忽漲忽退山溪水」。第二天一大早，母親去看時，洪水早已消退，山溝中供行人來往的「跳石」上，正走著個提菜籃子的農婦。

畢竟一夜沒睡，大家暈頭耷腦，最後幾裏路也不知怎麼走完的，蔫蔫地進了縣城。

中國老傳統，士、農、工、商。雖然說從古至今，士大夫們不過是統治者的清客、幫閒，極少有獨立意識和堅持真理的勇氣（有也落不到好下場）。都說老百姓過日子最在乎柴米油鹽醬醋茶，但對待知書識理之人，數千年來，內心一直十分欽佩尊敬。

「反右」鬥爭之後，輿論突變，知識份子竟成了愚蠢、狂傲、呆頭呆腦等等的代名詞。或者像由流浪藝人敲鑼打鼓操縱，順杆兒爬上爬下的猴子：立杆兒上則抓耳撓腮得意，挨主人鞭打後，又慘兮兮尖叫乞憐──不過供人戲耍開心而已。

嘲諷他們的笑話故事，也不脛而走，比如：某鄉鎮小學教師上美術課，他先將一張備課時畫好的墨水瓶，掛到黑板上，轉過身，自鳴得意問道：「同學們，大家看今天畫什麼？」坐在講臺下面的同學，異口同聲回答：「罐子！」老師也不愧疚，搖頭晃腦笑著說：「對，今天，老師就教你們畫這個罐子！」

這種由恭敬到鄙視的變化，令母親感同身受。不過，剛剛回到老家的她，需要面對的棘手事情，實在太多。生存第一，也顧不得別人怎麼看了。

回到老家，母親才發現：她寄予最大希望的小棧房，早已經關門大吉；所有的木床、鋪板、被子、棉絮等等物件，在她去遠安之後這兩年多時間裏，已被我三姑自作主張變賣光了。而且，三姑又結婚了。爺爺婆婆也搬回到西城牆外我們家老房子裏。婆婆看到孫子，想到兒子，禁不住又嗚嗚哭泣起來……

由於有在遠安那一個多月的打工生涯墊底，回到家鄉的母親，至少心理上要從容多了。畢竟沒單位可依靠，母親只能仍舊去工地上找點背沙、合泥、挖牆基等重體力活。挖基坑是量方給錢。記得有個星期天，我們姊妹兄弟四個都去幫忙。在基坑底下，母親挖，姐姐和我用畚箕裝土，並舉到地面。妹妹和弟弟則在上面倒土，然後丟畚箕下來……那天掙到了五塊錢，差不多夠兩個娃兒一月的口糧錢。

　　後來，考慮到打工到底收入不穩定，母親又報名進了縫紉社，學做中式便衣。縫紉社實行的多勞多得。初學藝的母親所得甚少。為了全家老少七口不至挨餓受凍，她只好利用早晚時間，割馬草、扯豬草賣，或者給富裕人家洗衣服，背煤炭……

　　再後來，縣上從各單位抽調人員修築通往保康縣的公路，母親被派到一個叫「劉胡蘭連」的民工隊伍，因為體力不如人，撬不動大石頭，就安排去掄八磅錘打炮眼。飯菜隨便吃，每月給六元工錢。雖然工具原始，全靠人海戰術，炸藥爆破，膠輪木板車運渣，人拉著大石滾子碾壓……因為修的是「通往共產主義的幸福路」，民工們憧憬未來，喊著號子彼此鼓勁，一個個都幹得熱情洋溢！

　　母親先後修了半年公路，體力大增，能背一百二十多斤的大青石爬上高坎……

　　一直到一九五八年上半年，母親什麼樣的髒活、累活都幹過，但是，因為還得供養公婆和四個嗷嗷待哺的兒女，家中的口子仍捉襟見肘。正為難之際，大躍進運動開始，口號就是「跑步進入共產主義」。

　　隨著「公共食堂」升起濃濃的炊煙，從那一刻起，幾乎所有中國人最看重的吃飯問題，突然間，至少暫時都給解決了……

19

　　從舊時代過來的恃才傲物、不平則鳴的知識份子們，其實也是「紙老虎」。「反右派」鬥爭六月初發動，七月底已經取得全面勝利。處於極度亢奮之中的毛主席，決定全面部署和推動大躍進，他說，「我就不信，搞建設比打仗還難？」（摘自《特區文

摘》681期），要求全國一心，爭取用十五年時間，超過英國，趕上美國！

一九五八年一月，湖北省委決定在全省開展「千百萬，翻一翻」的農業增產活動，也就是平均每畝糧食產千斤，棉花百斤，戶均儲糧萬斤。

同年三月，我們縣領導急於「放衛星」，也匆匆提出「蓋全國，超世界，全國第一，世界無雙」的口號，要求包穀畝產五千到一萬斤，水稻畝產一萬到兩萬斤，紅苕畝產四萬到二十萬斤。報紙、廣播大造輿論，什麼「人有多大膽，地有多大產！」「不怕做不到，就怕想不到！」……當時的《宜昌報》還在頭版頭條，報導了我們縣放高產「衛星」，標題就是：《包穀畝產一萬五，紅苕畝產十萬斤！》

而據縣裏檔案資料記載：當年，農村比較肥沃的土地，包穀、水稻畝產才三、四百斤，紅苕一千多斤，如此而已。

正當母親疲於奔命，越來越不知該用什麼來填家中老少的瘦肚子時，大食堂開張了。這著實讓心力憔悴的母親，長長地松了口氣。

我們家那段日子裏的窘迫情況，其實不過是少數極端的例子。從「公私合營」，到「合作化」前後，擁有了生產資料或土地耕牛的工人、農民們，勞動熱情空前高漲，加之社會安定，風調雨順，絕大多數老百姓的物質生活，都有了很大改善。

縣城裏的「公共食堂」，是一九五八年九月，全縣實行人民公社體制之後辦起來的。先由街道居委會負責置辦炒菜的大鐵

鍋，蒸飯的大木甑，同時安排專門工作隊，挨門逐戶去將方桌、木凳、水桶、鍋鏟、瓢、盆、碗、盤、筷子、蒸籠、油、鹽、醬、醋等等生活資料悉數清空，集中到大食堂中來。吃飯也實行軍事化管理：聽到鑼聲響，就知道是該吃飯的時候了。人群從四面八方蜂擁而來，自覺地排著曲曲彎彎的長隊等待，彼此間嘻嘻哈哈，說著這亙古未有的新鮮事、和一些聞所未聞的新觀點新名詞兒……

普通老百姓們閱歷有限、心地單純，早已經被鋪天蓋地的鼓動、宣傳點燃了欲火，煽昏了頭，群體的精神狀態如同趕集、逛廟會一般愉悅輕鬆，對於共產主義美好未來，充滿了好奇、狂熱，且盲目地熱切期盼！

政策越來越眩目，口號也越來越誘惑人的貪懶欲望：「共產主義是天堂，人民公社是橋樑！」、「樓上樓下，電燈電話！」、「要啥有啥，按需分配！」、「吃飯不要錢，按月發工資！（母親回憶，凡做著事情的，每人每月六塊錢）……」

傳聞更是五花八門：「共產主義已經到香溪鎮了，過幾天就到我們這兒！」

……就連小學生們上學放學時唱的歌，也首首豪情滿懷，氣吞山河：「天上沒有玉皇，地下沒有龍王，喝令三山五嶽開道，我來了！」

這裏還得特別提一下我的妹妹。自從她八個月時，因母親害副傷寒住院而斷奶後，基本上一直跟著爺爺婆婆生活。到一九五七年初秋我們返鄉，姊妹兄弟四個才終於團聚。五八年「吃食堂」那會兒，妹妹五歲多了吧，也許因為分開太久，同我

們幾個相處起來，既依戀，又有點生疏。據姐姐講，起初我們還
大欺小，欺生，吃飯前總是支派她先去排隊，或者到方桌那邊占
地兒。她不苟言笑，只是默默地去做，能幹又細心，等到飯菜都
擺好，還要看我們都撿起筷子了，她這才開始趴著頭吃……

妹妹如今雖年過半百，性格仍那個樣：善良細心，賢淑低
調，相夫教子，與世無爭。

五十年後再回憶，對於「公社化，大辦鋼鐵，吃食堂」那一
段坎坷歲月，母親的情緒略顯得有點複雜。那是個異想天開而又
愚蠢瘋狂的年代，但那也的確稱得是一個稚氣美好的夢境！在物
質層面基本上算人人平等，至少誰都可以不花錢吃飯。要知道，中
國人數千年來一直處饑餓之中，吃飯一直被稱為「第一件大事」！

正因為吃飯可以不用花錢，再加上幾乎所有的人，畢竟剛剛
親歷、或者說目睹了對於富人階級的無情打擊，誰也不會再傻乎
乎去做「發財夢」。反正一切都屬於共產主義大家庭，所有的人
都一樣，利益均沾，「私有財產」已經變得無足輕重。

那陣子由於「私有財產」概念日漸弱化，社會治安也不錯，
真正稱得「路不拾遺，夜不閉戶」——從這個意義上講，實在是
一個理想主義的清涼好世界啊！

由於沒有了利益之爭，也勿需彼此衝突，斤斤計較，人們
從手臂、腿腳，到心靈、大腦，漸漸地都變得懶惰起來。好多年
之後，外婆講起一九五八年鄉下的情形，仍感歎不已，一臉的惋
惜：那年雨水多，田裏的小麥、包穀、水稻，長得多好哇！因為
沒人收割，大片大片倒伏在田中，只能任其生芽、黴爛……

　　田裏莊稼沒人收割，還有個更主要的原因，那就是：為了「多快好省」發展集體經濟，以各個「人民公社」為單位，將勞動力、物資等等集中起來，轟轟烈烈搞「大兵團作戰」，修公路，修長渠，辦畜牧場，建設花果山，坡田改梯田；以及後來的「鋼鐵元帥升帳」，城鄉處處人建小高爐……雖然說「六億神州盡舜堯」，十二億隻手顧此失彼，好多事仍難免捉襟見肘，只能拆東牆補西牆……

　　如此坐吃山空，「公共食堂」只勉強維持了兩、三個月吧；由最初的乾飯變成後來的稀飯屬最明顯的變化，到最後，出身赤貧且膽兒大的群眾開始罵娘了。

　　吃食堂期間，撐飽肚子沒問題。對於自遠安回來後，一直處於半饑餓狀態的母親、以及如我們家一樣吃不飽飯的困難戶，其好處顯而易見。姐姐回憶起那段日子，腦海中只有熱鬧：銅鑼響，鬧鬧嚷嚷；蒸飯的木甑、盛菜的木盆，全都大得令人生畏！

　　「公共食堂」辦到最後，盛飯已經不再是件輕鬆事情：端著大土缽的百姓，如饑餓的蝗蟲，熙熙攘攘擠作一團，盛飯已經變成了比拼臂力和毅力，成了「搶飯」。

　　到十一月，收攏來的豬羊、糧食、蔬菜、油鹽都吃光了，食堂只有散夥。

　　說到全民大辦鋼鐵，我還能記起來讀小學三年級時，唱的一首歌：「躍進，躍進，大躍進，快馬加鞭向前進，十五年內趕上英國，中國人民有信心！」

　　當年，英國的鋼產量是 2,200 萬噸。而根據統計資料記載：截止到一九五八年八月，全國當時的鋼產量還只完成了 450 萬

噸，距離中央下達的年產 1,070 萬噸目標，尚差 620 萬噸。為確保任務計畫的實現，也只有搞群眾運動了。

我們縣在地委「鋼生產指標 2,500 噸」的指導下，「以鋼為綱，全力以赴」，九月中旬開始進入高潮。那時候勞動力歸各公社領導統一調配，在城關縫紉社當學徒的母親，年末的三個多月時間裏，基本上都在「大辦鋼鐵」。

砌高爐，或者煉鐵水，多少都需要點專業技術。母親那個「劉胡蘭連」，成員多是些家庭主婦，婆婆媽媽，任務就是上山砍伐硬雜木，燒制煉鋼鐵所需的木炭。其實，燒木炭一樣需要技術。起初好長一段時間，因為什麼都不懂：一片片林子砍光了，女人們一個個給煙薰火燎得像出土文物；而荒蕪的山坡上，那一眼望不到邊的炭坑裏，卻只殘存著半人深的白色灰燼，翻不出幾截兒像樣的木炭⋯⋯

全民大辦鋼鐵之前，我們縣城周圍的山山嶺嶺，幾乎還是原始狀態，密密麻麻地長滿了紅松、冷杉、毛白楊、刺槐、梧桐、白果樹、水青岡、珙桐、橡樹、楓香樹、黃楊木、苦楝樹、烏桕、樟樹、棠梨樹⋯⋯本地話統稱為「黑老林」，意思是人走在裏面，根本看不到天日！黑老林裏，千百年來一直都是動物的樂園，兔子、野豬、黑熊、香獐、蘇門羚、灰狐、果子狸、華南虎、角麂、狗獾、林雕⋯⋯種類多得數不清！

記得在我讀小學的期間，就見過一隻與母親走散的小角麂，竟然竄到縣城中心小學操場上來了！是午間休息時，我們幾百學生娃，一下子像炸了鍋，都「呀呀」地亂叫著，尖笑著，從操場四面進行圍追堵截。可憐的小角麂似乎也慌了神，左衝右突，

快如閃電，最後硬是從學生娃們的腿腳縫隙間竄出，逃到了土街上，又鑽進一戶居民後院，再躍過柵欄，然後順南面城牆一坍塌處跑下河灘。等到它泅過香溪河，還扭頭朝對岸仍在「呀呀」叫嚷的幾百娃娃爪爪，抖抖皮毛上的細水珠，這才緩步往山林裏去了……

　　也是那年，我們縣的榛子鄉，還出了位「少年英雄蔣全民」：一個十五、六歲的少年，徒手隻身，竟然打死了一隻半大華南虎！《宜昌報》上登載了對他的配照片專訪，最後還被接到北京參觀，出盡了風頭。

　　聯想到前不久，陝西省某地，為了一隻華南虎的是否存在，山民甲說假話，官員乙作偽證，數百萬線民爭吵得沸反盈天……的確讓人感歎，說不出啥嗞味來。

　　一九五八年還有一句口號，叫做「人定勝天，戰勝自然」。
　　如母親那樣的女子「劉胡蘭連」，或者屬於男人們的「董存瑞連」、「黃繼光連」……肩扛著鋸子、刀、斧，四面出擊。砍樹的人密如螞蟻，幾天就能夠砍光一座山！人走後，滿山只剩厚厚一層枯枝敗葉。暴雨襲來，石頭滾，泥漿流……大半年工夫，好端端的綿延青山，變得幾乎如同溝壑縱橫的黃土高坡了。

　　那年姐姐讀小學五年級，也喜歡在家中尋找諸如破鍋、爛鋤頭、斷鏟子等廢舊鐵器，興衝衝往高爐上送。她至今都還記得，我們家的坎下，就建有高爐。學校的操場上也建滿了高爐。城內的所有空地上，都建有高爐。

　　姐姐說：「……高爐不到兩人高，一排排望不到盡頭，蠻有點像電影中日本鬼子的小炮樓。點火之後，人來人往好熱鬧！晚上到處都火光衝天，白天裏，全城上空青煙籠罩，幾乎看不到太陽！」

大量的青壯勞力都用到小高爐上，成熟的糧食只能爛在田裏。加之礦石含鐵量低，小高爐內溫度不夠，燒出來的「狗頭鐵」，大多為廢品。

20

「大辦鋼鐵」停止後，母親帶著我們四個娃，一起又開始到縫紉社小食堂吃飯。那時候，糧食已經不足，吃飯實行定量。每頓由姐姐去食堂，打回一小筲箕包穀面飯。母親先給四個娃每人盛一碗，小筲箕裏已所剩無幾，她自己只能靠吃瓜菜替代。

好在爺爺自五三年被撤去人大代表、居民組長之後，閑著無事，在屋後山坡開了片荒地，種了點包穀、麥子；因為田土太薄，也收不了多少。母親回來後，抽空又在屋前靠北城牆廢墟的空地上，挖了塊小菜園。母親從早到晚，沒有一分鐘消停，我們家小菜園裏，青菜、蘿蔔，長得比周圍哪家的都好！

一九五九年七月，全縣發生罕見的大旱。僅城關公社周邊，就有一萬多畝農田絕收。由於縣委書記在鋼鐵日產量上屢放「衛星」（《宜昌報》頭版標題「興山縣鐵水成河，日產生鐵1,597噸」），還出席了「全國農業社會主義建設先進單位代表大會」。嘗到浮誇甜頭的這位領導，國慶日時，專門辦了個《全縣經濟文化建設成就展覽會》，宣佈糧食產量過億斤，「大災之年大豐收」。十月份，好多地方百姓已經斷糧，開始有山民餓死……而縣領導們為了保紅旗，爭先進，按照「大豐收年」的口徑和標準，下達征糧任務。全縣共徵購糧食1,810萬斤，占全年實際產量的近百分之二十五！

　　第二年春上，北斗坪公社二大隊副隊長閔某，給古夫管理區某副書記打電話，報告「斷糧了」，請求救濟。這位浮報虛誇的說假話副書記，竟斥責講真話的副隊長：「你們豐收的糧食到哪裡去了？竟敢胡說八道，同縣委『大災大豐收』唱對臺戲？」

　　副隊長眼看著村民挨餓，傷心地嘟噥：「我過去給地主當了十幾年長工，也沒有餓過飯……」消息彙報上去，這還了得！副隊長很快就遭到逮捕，罪名是：散佈恐慌情緒，帶頭鬧供應，辱罵共產黨……

　　悲劇不可避免發生了：一九五九年十月到一九六○年四月，我們這個人口不足十三萬的山區小縣，竟餓死了八千多人，釀成全省震驚的大「事件」！

　　住在沙坪子鄉下的大伯之死，頗具「反諷」意味：一天，他們生產隊跌死一頭耕牛，每戶農民分了點牛肉和雜碎。大伯家又上山採了些野菜、野果，加上柚子殼等凡能下嚥的東西，煮了一大鍋。一家老少都是餓得半死的人，突然間有如此豐盛的帶油葷食物擺在面前，那誘惑力之大，恐怕沒親歷過的人簡直難於想像！大伯一家人個個吃得肚皮腆出老遠，心裏仍嫌不飽。沒一會兒，都開始覺撐得慌，很快就疼得在泥地上亂滾。大伯可能體質太弱，在饑荒之年，就這麼給撐死了……

　　城關的居民，因食堂下放，人員歸口，才有了每人每月二兩菜油，和十餘斤到二十來斤不等的粗糧定量供應，雖然整日仍感覺饑腸轆轆，尚不至餓死。

　　有一陣子，上面突然來通知，各家房前屋後的菜園子又不准種了。我和姐姐、妹妹經常扛一根細竹杆，沿河岸打撈別人洗菜丟棄的老邊葉回家吃。黃豆葉也是好東西，把它曬乾，揉碎，再拌點鹽，用水煮成糊狀吃。我們還吃過用枇杷樹皮、或者蕨根磨成粉做的粑粑，吃過包穀衣、野胡蘿蔔葉、苧麻根、木瓜子、苕葉、榨去油之後的菜仔枯餅、白蒿、刺兒草、椿樹葉、橡子面、柚子殼……只差吃觀音土了。

　　三歲多的弟弟一度吃「幼兒食堂」；因帶有救助性質，那兒尚允許添飯。饑餓的大人們由此看到了機會，爭著去照顧幼兒。吃飯時，每喂小兒一口，就趕快往自己嘴巴裏塞一大口，大人比小孩消費得還多！幾天後領導才發現，再不准大人進「幼兒食堂」。

　　因為浮報虛誇，糧食缺口實在太大，倉庫再也拿不出多餘的糧，「幼兒食堂」勉強維持了幾個月，最後也不得不關門……

　　講這些往事時，母親眉頭微皺，輕輕歎息——的確不堪回首，令人心酸啊……

　　由於母親長時間一直幹最累的活，吃最少的飯，是我們家第一位因饑餓而暈厥，被送去住院的人。姐姐至今都還記得那一幕，她說：「媽那會兒臉皮像白紙，胳膊、腿子像細竹杆，渾身瘦得皮包骨，人硬是給餓幹了！」

　　沒過多久，妹妹也因為浮腫、嚴重營養不良而暈倒，是我們家第二個被送進三官廟醫院的病人……名義上說住院，其實是政府救助因饑餓而瀕臨死亡的城關內居民的收容所。這裏每人每天供給二兩黃豆磨的菜豆腐，飯也基本上能吃得飽點。一般也就讓住十天或半個月恢復，希望能用有限的一點點糧食，來挽救更多人的生命吧。

　　母親是春節前出院的，身體雖然仍十分虛弱，但想到家中尚有幾張嗷嗷待哺的嘴巴，無論如何再也躺不下去了。回到家就蹲在灶前忙活開，急著用可憐的一丁點混和面，拌了野菜給娃兒們煮糊糊吃。她眨巴著受煙薰的眼睛，手執竹筒不停地朝灶裏吹火。細細的火焰如蛇吞往上舔著，母親如薄紙一般慘白的臉頰被火光映成微紅色了……

　　那年春節，城關居民每人供應四兩混合肉、半斤水果糖、半斤豆腐乾。大年三十，母親用豆腐乾票換了一大包豆渣，拌上削去青澀表皮的柚子殼，合到一點大米和包穀面一起，蒸了一大木甑混合飯。那是差不多半年多來，我們這一大家人，吃的唯一一頓飽飯。

　　母親甚至還沒有忘記從春節供應的水果糖中，挑了一些，寄給遠在沙洋農場勞改的父親，告訴他家中一切都好，勸他保重身體，不要太掛念……

　　食堂下放，人員歸口之後，爺爺婆婆便同我們分開吃了。分開吃的理由，據說是因為飯的軟硬，菜的鹹淡，以及吃飯時間等方面，同娃兒們不太合拍。爺爺婆婆那會兒才五十多歲，由於營養不良，加之精神沮喪，面相已經顯得很老很老了。

　　後來我瞭解到，個中原因，其實遠比嘴巴上說的要複雜得多。爺爺婆婆沒有單位，按現代社會分類，應該算「自由職業者」或者「失業者」，根本無地方歸口。母親拖兒帶女歸口到縫紉社，家大口闊的，也已經是很不容易了。

　　再說，單位食堂並未能維持多久，就散夥了。爺爺婆婆和我們分灶吃飯，大概有四、五年的時間。最本質的因素恐怕是：世

態炎涼，物質匱乏，促使家族成員之間的親密關係及信任程度，都發生變化了……

除了新政權建立之初那兩、三年，只做過小本生意的爺爺，可以說一生鬱鬱不得志。他養育有二子三女，最寵愛作為么兒的我父親、和么女兒的我三姑。具有諷刺意味的是：導致他遭受最沉重打擊，精神萎靡，意志崩潰的是我父親；起先連累他丟掉差事，後來又慫恿賣掉小棧房，至使晚年生活無著的，恰恰又是他的么女兒！

三姑帶著一兒一女，和那位姓劉的姑父結婚，是在母親帶我們去了遠安之後。結婚之後有好長一段日子，他們也一直住在我們家老宅子裏。

劉姑父是銅匠，走四方的人，嘴巴蠻會說，手藝也蠻不錯。

賣掉小棧房的全部床鋪桌椅，是不是因結婚時太需要錢？不得而知。反正母親一直耿耿於懷。母親曾多次感歎說：「當初，你三姑若能將小棧房撐到我們回來，到公私合營時，就可以入股，分紅。不但她以後有單位可依靠，我們家也不致像後來那般窘困。」

母親帶著我們從遠安縣回來後，三姑她們就搬出去住了。銅匠劉姑父在城關小有名氣，生意一直不錯，因為娃兒不多，家境比我們要寬餘得多。

本地有句俗話，叫作「姻親不親血親」，強調的是人們更看重血緣關係。又有「爹媽最疼斷腸兒（指么兒或么女）」一說。在身體漸入老境，精神幾近崩潰的爺爺眼裏，視住在同一小城內的三姑為最親近之人，也可以說順理成章吧。

當然，還有我們姐妹兄弟四個未成年的孫子、孫女。但必須正視一個事實：絕望且無助的爺爺，除了需要日常實打實的照顧

之外，骨子裏對么女兒恐怕會更覺得親近或者可以依賴一些吧。母親作為外姓人兒媳婦，無論如何畢竟隔著一層；而孫子、孫女都還年幼，尚須大人來供養，至少目前還依靠不了。

　　有一幅圖畫，讓母親至今記憶猶新。那幾年母親太忙，經常天濛濛亮出門，黃昏後才拖著腿回家。一入傍晚，走在通往我們家老宅子路上的母親，隔遠遠就看到：灰暗的暮色中，三歲多的瘦弱的弟弟，孤零零佇立在門前老涼亭下的髒雞籠旁，正眼巴巴朝這邊張望。而從屋子裏，卻傳出來爺爺婆婆逗三姑兒子的「咯咯」笑聲……

　　也許這一切都是偶然。母親也並不認為：她不在家的時候，公婆就沒有關心過我們。母親觸景生情，心底掠過一陣陰影亦屬正常。在那個可怕年代，身心疲憊的母親，當然有一千個理由，希望公婆能多幫她一把。她甚至都不敢肯定自己會不會再餓倒？不敢肯定自己到底還能夠硬撐多久，能不能將娃兒們扶養成人……

　　饑荒還在加重，饑民度日如年。明天又會發生什麼？誰也不知道。

　　當年，母親給自己定下的唯一目標，就是無論如何，都得讓兒女們能活下去，也真沒有工夫去歎息。她不再多想，不動聲色悄悄抹去心頭那片陰影，不敢懈怠，像什麼事兒也沒發生過，繼續著每日的勞碌……

　　而那幅瘦弱弟弟站雞籠旁的陳年舊畫面，還是時隔四十九年之後，被我專業性極強的問訊再三糾纏，母親才偶爾說漏嘴的。

婆婆爺爺生前，肯定也不知道還有這事兒。因為在我的記憶裏，二位老人，還包括住在鄉下的我大姑、二姑，住城裏的三姑，都經常由衷地誇讚我母親：「吃得苦，吃得虧」，「不怕髒累」，「能幹，是這個家裏的大功臣」！

21

到一九六〇年，缺糧的情況，比起一九五九年來，並沒有太大的改善。

政府又開始允許有條件的居民，可以在自家的房前屋後種點蔬菜自救。母親聞訊，忙重新找出收起來了的糞桶、畚箕、鋤頭，見縫插針，希望多種一窩多一窩的收穫。她更忙了，天不亮即起，往菜地裏挑幾擔糞水澆上之後，才去縫紉社上班。

再後來，隨著政策進一步鬆動，母親利用星期天，或者法定節假日，又在香溪河對岸的關山，開出一小片荒地，種上了麥子。麥田在半山腰一片杜仲林中間。從我們家背糞肥往麥田送，往返恐怕有四、五華里，過了河就爬坡，還得穿過一片荊棘叢生的灌木林。每次送糞回來，母親渾身的衣衫濕透，擰得下汗水來⋯⋯

母親是有眼光的，再忙再累，對於正讀著書的姐姐和我，一般不太攀扯去做學習之外的髒活累活。我們姊妹兄弟四個，都還算老實聽話，「窮人的孩子早當家」嘛！當時，只要發現母親進門時臉色陰沉，我們就知道又在為全家的吃喝而犯難；只要看到她臉色難看，我們就難受，看見她悄悄落淚，我們都會「嗚嗚」地跟著哭⋯⋯

姐姐小學畢業時，升學考試的成績全縣第一，因為父親是右派，一中不錄取，只能進鄉下的一所農校。那所農校辦了一個多

月就撤了。焦急的母親人托人想辦法，姐姐最後才又去了距縣城三十多華里的古夫鎮中學……

在那個年代，小學生也時常被拉扯進五花八門的各類社會活動。敲鑼打鼓上街宣傳自不用說，還掃街，修路，種樹，背磚，背礦石，積肥，除「四害」，夏收時拾麥穗……反正是勞動課多，文化課少。列隊走在大街上，一個個雖然瘦骨伶仃，只要老師說聲「開始」，仍強扮著稚氣的笑臉，載歌載舞：「躍進花兒遍地開，社會主義等不來……」

放學之後，學生娃們如同饑餓的螞蟻，埋著頭在街頭巷尾或者河灘山坡上四處亂竄，尋找著凡能夠下嚥的任何東西。

縣城西頭，打米廠傾倒穀殼的地方，每天中午過後，都會聚集攏來數不清的少兒和老人，站立著一動不動，像嗷嗷待哺的小鳥一般引頸張望著。兩點多鐘，成噸的穀殼從高坎上的缺口處傾洩而下，灰塵漫天，嗆得人喘不過氣來。（後來弟弟曾形容說：「硬是像放原子彈！」）六歲多的弟弟伴著八、九歲的妹妹，在人群中擠作一團，雖然灰頭土臉，嗆得口鼻冒煙，只要能多搶到穀殼子，多篩出點米糠和穀頭子，弟弟妹妹就笑得合不攏嘴巴……

回到家，用門前老涼亭下的石磨，將如沙粒一樣的穀頭子磨成粉，再拌上細米糠和甜茅草根、枇杷樹皮磨的粉，然後蒸成窩窩頭，那滋味，如今讓誰吃都會覺得難於下嚥。而在當年，差不多抵得過下崗人家偶爾吃「肯特基家鄉雞」！

因缺少油葷，半年難得嘗到一次肉味，無論大人、小孩，胃都給撐大了，糠啊菜啊，每頓填進去幾大碗，仍然感覺不飽。母

親、爺爺、小弟、妹妹⋯⋯全都面無血色，四肢浮腫，神情呆滯；只有在尋找到能吃的東西、或者吃東西的時候，眼睛才有光澤⋯⋯

前幾天看中央台的《動物世界》，一種生活在非洲的長鼻猴，陡然令我格外眼熱：也是因為生活環境惡劣，只有靠大量攝入一種營養價質不高的樹葉維持生命，長鼻猴們一個個肚子腆老大，四肢瘦削⋯⋯大概是聯想到「三年災害」時期，我們的生存狀態及模樣兒，同病相憐，眼眶禁不住好一陣酸澀⋯⋯

姐姐考進縣文工團好像是一九六二年吧，那年，她還不滿十五歲。姐姐每月工資十六塊錢，給家裏五塊，留十一塊錢自己用。

雖然說姐姐能自食其力，而且多少也替母親減輕了些壓在肩頭的重負。母親心底其實並不高興，從聽到消息就一直反對；思前想後又沒別的辦法。姐姐愛讀書，活潑伶俐，從小學到中學，不但學習成績一直名列前茅，唱歌跳舞同樣出類拔萃。

母親實在是太希望我們幾個都能多讀點書，等父親刑期滿了回來，也有個好交待。

還有：在我們這地方，自古流傳著一句俗話：「世間只有三種醜，王八、戲子、吹鼓手！」對於受傳統文化影響較深的母親，壓力巨大，亦讓她覺得對不起我姐，對不起我父親，更對不起我們這個家族⋯⋯

其實那時候，如文工團這類宣傳機構，屬於「黨的喉舌」，能允許如姐姐這樣「右派」家庭的女兒進來，已經是萬幸了。

姐姐進團後即被告知：要與反動家庭劃清界線，平日裏不得經常往來。母親還發現過，有天傍晚姐姐回家時，遠遠的竟有一

個好事者跟蹤盯梢……進門後母親就攆姐姐走，還小小聲告誡，莫經常往家裏跑，免得丟了飯碗。

家裏的日子仍然十分艱難。母親在縫紉社倘若接的活兒多，我和妹妹還去幫忙縫過便衣上的盤扣；還幫著背煤炭賣，割馬草賣，往關山杜仲林子中的麥田裏送糞……反正家裏什麼時候都沒錢用，什麼時候都覺餓得慌。憑著母親的拼命勞作和精打細算，我們家的口糧一般尚可維持二十餘天，每月只差三到五天的糧。而有好些家庭，到後半個月就斷了糧，娃兒哭，大人相互指責打鬧。饑餓年份，親情薄如紙啊……

為了讓父親安心改造，這年的春節，細心的母親還從牙齒縫裏省下一塊錢，張羅我們家老少七口，去照了一張三寸的黑白「全家福」：爺爺婆婆木訥訥坐中間，兩邊站我們四個孫兒孫女，因為身穿剛縫製的土藍布新棉衣，瘦臉上都露著笑靨；瘦得實在太利害、也憔悴得太利害的母親，站在爺爺婆婆身後，眉頭緊鎖，面色憂慮。

大家暫時都還活著，這已經就很不容易！

一九六二年，情況稍有好轉，餓死人的事情，基本上很少再看到或者聽到了。

這一年，七歲的弟弟也報名進了城關小學。靠母親獨立支撐的風雨飄搖家庭，還得供養三個娃兒上學。錢仍舊緊張，一分錢恨不能掰成兩半來花。

因為母親懷著弟弟時，副傷寒尚未痊癒。弟弟來到這個世界沒兩年，父親遭關押，家境每況愈下。弟弟讀一年級時，臉巴瘦

削得像顆豎著的葵花子，個子也屬班裏最矮。（其實，那年讀初一的我，身高亦不到一米五，直到後來文化革命「大串連」，呆北京吃了二十多天飽飯，個頭才一下竄到一米七五。）

弟弟小時候性格就倔強，敢於「知不可為而為之」。有件事讓我想起來就感動：因為出生「右派」家庭，受欺侮，挨打罵，幾乎成了家常便飯。有一天，是找姐姐討了一角多錢吧，我帶著弟弟，去買了本《半夜雞叫》的小人書。出了書店沒走幾步，被一個高年級同學攔住去路，說他要先看。我護著書死活不讓。他冷不丁一把抓過小人書，不由分說撕扯得粉碎，還罵道：「右派狗崽子，想翻天啊？」

我完全沒料到事情竟會這樣，撲上去同他拼命，人太矮小，被他兩下就給按地上拳打腳踢。弟弟也哭叫著撲上來，又是抓又是咬的，比我更英勇！那天，弟弟和我的臉上都帶了點傷，多虧幾位好心的大人上前拉開，高年級同學才悻悻地揚長而去。

大街上只剩孤零零我們兄弟倆時，淚痕未幹的弟弟替我擦拭罷傷痕，還安慰說：「他沒打疼我。哼，我才不怕他個子高！」

回家的路上，弟弟還在繪聲繪色講述他如何不怕別人欺負的故事。母親可能又往關山那邊背糞去了，就妹妹一人在家。她聽罷，眼眶裏含淚花，催我們快去洗臉，一邊還叮囑弟弟：「待會兒，莫跟媽說打架的事。就說下課後搶乒乓球桌，撞到臺子邊上了……」

妹妹文靜內向，自幼就懂事，不惹事。也許是擔心呆外面會受人欺侮吧，她放了學並不在外多耽擱。回家後默默地埋著頭找事兒作：掃地，剁柴，洗衣服，蹲小菜園中拔草，或者捉專喜

歡吃菜葉的小青蟲……腳不停，手不住，常常忙得小臉蛋上沁油汗，嘴巴兒微微笑緊抿，如小天使一般，自得其樂……

據《中國共產黨七十年史綱》記載：在國民經濟發生嚴重困難的後期，毛主席曾在一次會議上說過，「共產風」是「人禍」，這個「人禍」是我們自己造成的。他還提出，社會主義建設不能急，不要務虛名而遭實禍。

隨著國家大政方針的調整，起初由居民們自發開墾荒地，「生產自救，見縫插針」等行之有效的措施，漸漸地亦受到了政府鼓勵。

母親在關山林子裏種的那塊地，每年可以收穫兩百來斤麥子。門前小菜園裏的白菜、蘿蔔、南瓜，也鬱鬱蔥蔥令人眼饞。我們家裏還養過兔了，長到半人時，都讓黃鼠狼給咬死了，令人好一陣傷心。為了讓正長身體的我們，每月哪怕能夠吃上一頓肉，母親省吃儉用，摳下來一點錢，硬是去賞回來一頭小豬娃。

那年月，雖然不至於再餓死人，但每月的口糧加自己收的那點麥子，甚而還得將米糠和黑麥麩子磨細了摻進去，仍遠不夠填飽一家人的肚子。可憐的豬娃，只吃得上野草拌洗碗水，幾個月下來，還是黑毛磣磣皮包骨頭。

那年春節，我們第一次殺由自家養的肉豬。對於肚子裏沒存半點油水的全家人，那可稱得是真正的節日！吃洗碗水長大的豬實在太瘦，除去頭蹄內臟，才三十多斤。肉全部醃了，懸掛在灶門口上方薰成臘肉，是明年一年的指望呢！

　　大年三十一大早，我們家大鍋裏就「嘟嚕嚕」煮起豬頭。婆婆守著灶門摻火，母親在灶臺上忙碌，調配待會兒要加到湯裏去的佐料。爺爺坐廚房門口懶洋洋朝這邊張望，一邊笑眯眯吧嗒著旱煙袋。我們姊妹兄弟四個，圍著熱氣騰騰的大鍋打轉轉。那肉香，太好聞了，引誘得大家「咕嘟咕嘟」直咽口水……

　　豬頭好不容易煮爛了。剔下的肉，除切下一塊待會兒吃團年飯時作主菜外，剩餘的，都得擱小碗櫃中，好細水長流慢慢享用。

　　我們四個娃兒，每人分得一塊熱骨頭，都雙手捧著，啃上面殘存的少許肉末。什麼也啃不到後，又一遍一遍地舔那豬肉味兒，熱骨頭總也捨不得丟……

補遺 　「余家花屋」和大姑父余伯華

　　二十多年前，我曾在「余家花屋」殘存的薄頁青磚小廂房內住過一晚。當年，那兒仍然是所小學，尚有十多間老房子，有五十多個學生娃和三位年輕的女老師。去年又聽人說，那所小學早撤走了，老房子也已經坍塌盡淨……想當年，那兒可是個極盡奢靡、而且古樸典雅的美麗莊園。

　　我走訪了當地好幾位八十以上的老者，嘗試如修復古建築一般，哪怕能還原出一點模糊影像……

　　建於上個世紀初的「余家花屋」，當年人稱「伏龍莊」。四周群山環抱，在半山腰築平地近兩千平米，修有天井五個，大小房屋三十九間。中間的八字門，是恭迎道台、府尹以上官員時，才偶爾

開啟。門兩邊立兩個巨大石鼓，石鼓的陽面分別刻有「搖錢樹」、「聚寶盆」，工藝精湛，美不勝收。屋場周邊古樹參天，鳥鵲亂飛。院落中一株拳曲盤跎的老柏樹下，有一處稱之「龍泉」的水井，水質清澈甘甜，至今仍柔柔地湧動不止，養育著這一帶穿花港衫，扭迪斯高的現代山民……

最值得一提的是這裏的木雕，無論大廳、客廳、中堂、廂房、書齋、佛堂、臥室、庫房……可以說只要有木門處，就有木雕。而且每一扇雕像木門，都分別刻著一個重要歷史典故，可以說件件都是藝術品！如大廳的厚重木門上刻著《二龍戲珠》、《八仙過海》，中堂木屏風上方刻的是《龍鳳呈祥》。客廳的四扇木門上分別刻《岳母刺字》、《孔融讓梨》、《太公釣魚》、《孟母斷杼》；書齋的屏門上則刻著《黃香溫席》、《李密掛角》、《匡衡鑿壁》、《孫康映雪》、《孟宗哭竹》、《臥冰求鯉》；臥室的小木門上刻的又是《舉案齊眉》、《麒麟送子》……就連一些格子窗扇、天井飛簷，和樑柱的轉角處，也全都用木雕的花、鳥、魚、蟲裝飾環繞，令人歎為觀止，美不勝收！

家族如此富貴顯赫，而女兒們卻個個紅顏薄命。據老翁們回憶，餘家三代七位女兒，竟有六位終生未嫁，另一位女兒，因夫婿幼年早亡而遁入空門，在專設的佛堂參禪修行，獨守古佛青燈，「不與世合，不與俗轉，玄思冥想，尋求飛升」；二十五歲時「駕返瑤池」，只可惜了冰肌玉骨好青春……

這個大家族的上升勢頭，止於一九二二年。那是民國初年，軍閥割據，盜匪橫行。那位曾獲得大清朝「誥封三品中議大夫」的家主人，因遭土匪綁票而一命嗚呼。兒子們各立門戶，家道從此日漸

衰落。到一九四九年前夜，家族裏一共賣掉十七個莊子，和四分之三的土地山林。隨著後來疾風暴雨般的「土改」、「鎮反」等運動展開，家中成員死的死，逃的逃，完全土崩瓦解了……

大姑父余伯華同「花屋」餘家，至多算遠房表親吧？他家僅有數十畝田園，溫飽不愁而已。

好像是上世紀七十年代末，國家頒佈了一個「特赦令」，宣佈釋放所有尚在關押中的國民黨政權「縣團級以上」人員。初見大姑父時，看他文文弱弱，說話謹小慎微慢慢吞吞，完全不像曾經當過官的。聽人講，他似乎教了半輩子書。抗戰中期，「余家花屋」捐出一多半房間辦學校，大姑父就在那兒當校長。大舅也在那兒讀的小學。據大舅回憶，當年有學生三百多，有八、九位老師。

私塾畢竟規模太小，無法承擔文化教育的普及。隨著大清國垮臺，國門漸開，新式學堂應運而生。那時候，進國民小學讀書勿需花錢，教員由政府發給薪資……

從一九四二年到一九四八年，余伯華一直在這所「仙侶鄉國民小學」當校長。他極少穿中山服，多數時候著一身長衫；性情中庸溫厚，同誰都保持著一定距離。他管理教員，多繞著彎兒表述主張，平日裏只教一節《公民》課程，不直接管束學生。因態度和藹，學生們大多不討厭他。

以上不過是表像，骨子裏，大姑父其實頗有心計。大舅講過一件往事：某一天，一淘氣小學生看見，有只鳥鑽進某廢墟女兒牆高處的牆洞。他搬來木梯爬上去，原本想掏鳥蛋，卻意外掏出一大把銀元！小娃兒缺心眼，搖頭晃腦眩耀。更多的調皮娃兒爬上去掏，都有所收穫。

消息傳到大姑父耳中，他不慌不忙，通知工友敲鐘，全校集合。只見他細聲慢氣說道：「老師告訴我，不少同學，從牆洞裏掏到了銀元。也許是若干年前，家主人躲土匪時藏匿下，後來又忘了。這當然不能算偷盜，也算做了件好事。做人要誠實，不能要不屬於自己的東西。希望掏到銀元的同學，主動交出來，由我去尋找主人，原物歸還⋯⋯」

那天據說當場就收得銀元二百多塊。細心的大姑父估計到，膽小且害羞的學生，可能不敢上交，會悄悄丟草叢裏。他立刻動員學生去找，果然，又尋得十多枚⋯⋯

除了當國民小學校長，大姑父幾乎沒幹過其他職業。一九四八年底，也許因為人緣，聲望，或者說為人圓滑，工於心計，他被選為縣黨部監察委員。進城後，一度經常借住在我們家老宅子裏⋯⋯很快，解放大軍就打進了縣城，再後來就被抓，判了無期徒刑⋯⋯

第五章

22

一九六五年夏天，我考入縣一中高中部時，身份為「備取生」，就是只有半個資格。

並非完全因為是受父親「右派」帽子的影響。那會兒，我的學習成績勉強屬中等，語文還可以，數學多數時候才考六十分。當時擔任縣一中校長的先生，據說與我的倒楣父親十多年前曾是同事，也可能是同情心使然，讓我終於進了高中部讀書。

從「三年自然災害」的饑餓中活過來的人們，隨著生產自救，老天爺開恩，小日子逐漸從恐慌中步入正軌。國家的經濟調整工作（比如精減職工，減少城鎮人口，壓縮基建規模，放寬涉農政策等）也初顯成效，居民每人每月的供應，食用油增加到四兩，糧食也增加到二十七、八斤。雖然包括香煙、火柴、布匹、肥皂、肉、蛋、糖、糕點等等等等，仍都需憑票據供應，但「自由市場」已經在大饑荒的後期悄悄復活，且日漸繁榮著……母親做女式便衣的手藝亦逐漸精湛，開始在縣城內小有名氣，接到的活兒幾乎做不完！妹妹和我放學之後還經常去縫紉社，幫著做一些勿需太多技術的簡單針線活。

本來，父親的刑期到一九六三年的八月就已經結束。母親考慮到父親那「刑滿釋放分子」身份，回來後除了打零工賣苦力，不可能有正經事情給他做；整日還得遭人白眼，受人欺凌，也會令他那高傲的秉性難於忍耐。還有更嚴重的：「可以教育好子女」的稱謂，已經讓四個兒女在成長的過程中吃夠苦頭。如今，倘若真地要從早到晚，看著「極右派兼歷史反革命」的父親受人欺

侮，兒女們的臉面何在？又將會作出些什麼反應？——會不會因此而言談舉止過激，到頭來反而更損害到他們將來各自的人生道路？

綜合種種考慮之後，母親給父親寫去一封長信，講了種種利害攸關的問題，建議他暫時別要求回原籍，最好先去農場「新人隊」，就業一段日子後再看看情況。

父親清高孤傲，視臉面高於一切，對於勞改農場之外的社會，其實更是心存恐懼。呆勞改農場裏，「烏鴉不罵豬兒黑」，大家反正都是一樣的「帶罪之身」；回到社會中，「刑滿釋放分子」只配作人下人，打不敢還手，罵不敢還口，日子肯定更難熬……

父母當時的種種顧慮，還是到了一九七八年，父親「平反」之後，一次酒足飯飽時閒聊天，搖頭晃腦地偶爾講出來的。

父親雖然思鄉心切，最終也接受了母親的建議，並曾在一封信裏解釋說：「……我更著重地考慮到，今後我為孩子們和他們的孩子們應該作些什麼？對他們造成了損失，我要以我有生的餘年，作些可能的賠償……」

進「新人隊」之後的父親，每年春節，有半個月探親假。由於分開的時候我們都太小，故而同父親並沒有太深厚的情感基礎。加之父親甩不開酸腐的「父道尊嚴」，對於如何推心置腹跟兒女們溝通，設身處地去替妻兒老小操點兒實實在在的心；哪怕幫助長年辛勞的妻子暫時去分擔點兒諸如劈柴、買糧等重體力家務活……竟然像壓根兒沒有想過！他似乎還沉浸在當年的小學教員的角色中，視妻兒如講臺前的學生娃，整日就知道背著手講一些不著邊際、連地球人都知道的增廣賢文作人道理，倒彷彿真正不食人間煙火！

　　起初，由於我年少氣盛，還有逆反心理，骨子裏偏要跟社會輿論唱反調，對關在牢獄中的「右派」父親，一直暗暗地心懷尊敬，認為「就算他是囚徒也罷，為什麼他才去背那犯人的枷？」然而父親自從可以回家探親之後，絕大多數時候都閉門家中，卻是衣來伸手，飯來張口，完全不理會，更別說插手那怕一丁丁的家務瑣事。

　　也許想重豎權威吧，面對兒女們時，父親開口便大談自己過去如何如何：在「湖北聯中」求學時，如何毆打國民黨憲兵；「土改」、「鎮反」時，如何參與決策，令地主、反革命們戰戰兢兢；被劃為「極右派」時，如何慷慨陳詞，讓上審法官張口結舌；進勞改農場後，如何頭顱高昂，使管教幹部狼狽不堪……甚至連年輕時因酒量大，被教員們冠於「兩斤半」雅號的趣事，也要無數遍地重複……

　　表白罷「當年勇」，父親便又開始斥責、訓導我們：「不愛學習，缺乏鑽研精神，須知學習如逆水行舟！」「要愛勞動，沒有什麼事情不能學會；什麼事都能做才行，比如我，萬事不求人！」……他是純粹的只動嘴，不動手；自誇得越多，與兒女們的距離越遠。

　　記得一九六五年春節，父親第二次回家團聚，那年我十六歲。到底為什麼具體事情忘記了，反正沒說上幾句，我和父親就因劇烈爭執而陷入僵局。最後，兩個人默默無言一直持續到夜半，才耷拉著頭，各自悻悻回屋……

　　父親在給母親寫下面這兩封信時，已是去沙洋勞改農場「新人隊」就業、並領取少量工薪七年之後；還是前不久我翻箱倒櫃尋找資料時，偶爾看到的。

「……七年中五次團聚，神魂兒卻丟在香溪河邊。想呀，想呀，想得多麼遙遠，竟日沉鬱，生氣了無，大有不久於人世之感。

我是個怕欠債的人，卻欠了一身難還的債；來生總可以還個清楚，還個乾淨。你對我的恩情比珠穆朗瑪還高，比太平洋的水還深，像烈火煉過的金子樣純真，閃耀著燦爛奪目的異彩……我在家中已成了長在大拇指邊的第六個指頭，既不好看，又礙工作。還是乘早割掉這第六個指頭吧。我再不能拖累你了，為了你儀容上的端莊，工作上的俐落，生活上的輕鬆，思想上的平靜……我再不忍讓你逢人把頭低，我再不讓你為我而損害你瘦弱的身體；我深知你的心比黃連還苦，而對我無微不至的關心卻勝似蜂蜜！我永遠不會忘記你對我的無限恩情，我將為報答你而愉快地犧牲我的一切……

給你的這封信，是一封此生不可多得的信，是牢騷的發洩，是真情的傾吐，是痛苦的陳述，是人生的破滅……」

（1971・4・14）

「……你（指母親）來信曾說：『將內心不愉快的東西多談點，比悶在心裏有好處。』我也的確有這種感覺，發洩一次，起碼可以輕鬆幾天……你在信中又說：『我覺得你

的思想過於激動，過於痛苦，不應該這樣。你不是最愛孩
子們嗎？多找些樂觀的看法和想法要好些。』還說：『我
的一切都寄託在你身上，沒有你，決不會有今天的我。』
不錯，我也的確愛我的幾個孩子。我常想：要是我死了，
就可使孩子們再不受歧視的話，我將十分樂意地立刻就
死……糧票不要再寄了，可給伯娘（指我婆婆）多把一
點。伯伯、伯娘一生疼愛自己的兒女，特別是我，十多歲
了，熱天睡覺還要抱進抱出，當作晚年的希望……」

（1971・4・25）

　　在勞改農場中獨善其身的父親（據父親講，由於他畫兒畫得
好，美術字寫得好，領導待他如座上賓，不但每日工作輕鬆，每
天早晨還能喝到一大搪瓷缸新鮮牛奶），面對帶領四個娃兒和兩
位老人在生死線上掙扎的母親，居然還有閒心咬文嚼字，亂談生
死！還忍心一而再、再而三地欣然接受親人們緊褲帶、摳牙縫寄
來的糧票……

　　還有一些讓人看後，說不清是啥滋味的「作品」：當年，他
作為「人民的敵人」，為顯示其文采，甚至還不時有「以天下為
己任」的政治應景詩寄給母親：「人民八億迎朝陽，雄立東方鬥
志剛。反帝已寒仇寇膽，鬥修屢挫叛徒狂」……

　　可憐的母親，那些年沒日沒夜如車軲轆一般忙碌，身心早
已疲憊到了極限，卻還不得不額外分心，去給這位除了頻頻寫信
重複漂亮空話；或者為圖得自身「起碼可以輕鬆幾天」，全然
不顧親人們感受、不惜給親人添亂，而一味「為賦新詞強說愁

（說死）」的父親，於物質補貼，及精神慰藉……實在令兒女們心酸。

23

一九六六年的十一月十號，上海《文匯報》刊登了姚文元的署名文章：《評新編歷史劇『海瑞罷官』》。隨著毛主席公開表示支持，進而在全國範圍內，發動了對鄧拓、吳晗、廖沫沙的轟轟烈烈大批判，點燃了「文化大革命」的導火索。

《燕山夜話》、《三家村箚記》等所謂的反動黑文章，是在遭到全國報刊連篇累牘批判之後，我才悄悄去找了一些來讀的。當時讀高中一年級的我，也如年輕時的大舅那般樸實天真、書生意氣吧。除了感覺到「三家村」們真是在含沙射影，指桑罵槐攻擊，並由衷地佩服「偉大領袖」運籌帷幄、火眼金睛之外，更多的則是不能理解：鄧拓時任《人民日報》社總編，吳晗、廖沫沙亦是北京市副市長等高官，都是年輕時候就投身人民解放事業的老黨員、老革命；他們究竟因什麼動機要這麼幹？莫非一個個都瘋了嗎？

母親是敏感的，「反右派」時的歷歷往事，以及之後家庭所遭受的幾乎毀滅性的重大挫傷，都從心底再一次沉甸甸泛起。母親已經預感到風雨欲來，不自覺恐懼地張大眼睛，只擔心正在成長的兒女們再出什麼差錯。

記得有一天，我放學回家，興沖沖又議論起關於批判鄧、吳、廖「三家村」的話題，順帶著還發表了幾句自己的觀點。正在忙碌家務的母親如聞晴天霹靂，驚得丟下手中活計，用最嚴厲的口氣呵斥，要我從今往後，絕對不准再議論國家大事。

一般情況下，我們姊妹兄弟幾個，從來不敢當面頂撞母親。那天，大概覺太掃興，更因自認為「真理在我手裏」，竟然氣憤憤嘟囔道：「國家興亡，匹夫有責！我愛我的祖國，當然要響應中央號召，盡自己的那份責任……」

母親大概從我的固執神態中，看到了父親當年的影子，震驚之餘，禁不住更感覺到一陣後怕吧。她愣了會兒，拍桌子嚷道：「不得了啦，你還敢頂嘴！我告訴你，你是『黑七類』的兒子，你沒有這個資格！」

見母親如此大動肝火，我耷拉下腦殼，沒有敢再吭聲。但是母親的那句「你沒有這個資格」，在當時，實在太讓我傷心，甚至寒心……

母親回憶說，開始時，我還只是嗚嗚地小聲哭著，可能越想越委曲，越想越傷心吧，最後竟哇哇大哭，誰來勸也沒有用，足足哭了一個多小時……

所謂自上而下發動的群眾運動，從某種意義上說，實際上是運動群眾——整日碌碌為衣食奔忙的廣大平民百姓，不可能完全瞭解真相。批「三家村」到了最後，竟升級為人身攻擊，「鄧拓」成了駝背的代碼，「吳晗」則隱喻知識份子懶蟲「無汗」，「廖沫沙」竟變為小便時的下流亂嚷嚷「尿莫撒」，變成無聊人彼此間對罵的專用語了……

生活還在緩慢地過著，柴米油鹽仍是普通老百姓最關心的話題。敏感的母親，已經如驚弓之鳥，眉頭幾乎一直緊鎖，忙碌之餘，耳朵和眼睛全盯在四個孩子身上，生怕他們由於莽撞或無知，在這次運動中再出什麼閃失，一失足成千古恨……

　　一九六六年初夏，隨著著名的《五一六通知》傳達到基層，史無前例的「無產階級文化大革命」，終於正式拉開了序幕。

　　縣委派的工作組，最先開進了縣一中校園。工作組進校才三、五天，青春年少、且厭倦平庸，嚮往風浪的廣大單純學生，立刻就被發動起來了，熱血沸騰，激情燃燒，戰歌嘹亮：「拿起筆，作刀槍，集中火力打黑幫……」

　　起初，在大會上批鬥的不過是些所謂「死老虎」，也就是十多個留校教書的「右派」老師。這些「右派」經歷的批鬥場面太多，經驗豐富，被押解上臺之後，一個個就自動彎腰九十度，然後上綱上線，用最惡毒的語言痛罵自己，倒比學生們苦心準備好的批鬥稿內容還要全面、透徹百倍……真正稱得是「你還沒打，他就先倒了」，反而令原本想入非非的學生們頓時覺得一點意思都沒有！

　　後來，工作組按上級指示及時調整方向，將刀鋒指向各學科的業務骨幹，時稱「反動學術權威」，也就是歌詞所說的「黑幫」。這類人因一技之長而高傲，政治上稚嫩，而且都未曾見識過群眾運動的巨大威力。批鬥起他們來，比鬥「右派」的確熱鬧有趣得多。

　　比如批鬥一位語文教研組長，一個同學說他講《阿Q正傳》時，稱阿Q為流氓無產者，屬「惡毒攻擊貧下中農」！這位書生氣十足的教研組長昂首挺胸，竟然硬撐出一副銀幕上才有的寧死不屈形象，滿臉不屑地冷笑著回應道：「公雞（攻擊）？母雞囉！」立刻引來台下好一陣騷亂喧囂。口號聲也隨即響遍行雲：「對抗學生運動絕沒有好下場！」「敵人不投降，就叫他滅

亡！」好幾個激進學生衝上臺，戴高帽，掛黑牌，然後「架飛機」……倔強的教研組長仍在掙扎，學生們於是拳腳相加，上演起全武行……

文化課暫時還沒有停，老師斯文掃地，教學秩序相當混亂。學生們倒是蠻高興，嬉笑怒罵，樂樂陶陶，成了無人管束的自由兵。

雖然小縣城地處偏遠深山，山雨欲來風滿樓的外面世界，或多或少，也影響著這兒的人們。有一天放學時，聽說校門對面那個空置的豬欄裏，正關著個從北京遣送下來的資本家老太婆，我們一群同學都跑過去看稀奇。

那所豬欄大概二十多平米，黑瓦土牆，十分低矮，看起來還像草草地清掃過。老太太怕有六、七十歲了吧，衣衫整潔，氣度雍容；特別那頭白髮，一絲不亂，在昏暗的土屋內，似霜賽雪，耀人眼瞼！記得當時曾有一頑劣小娃，正罵罵咧咧朝裏面扔果皮，立刻被我們幾個畢竟年齡稍大點的中學生呵斥住……

當時我就浮想聯翩：若干年前以來，這位生長在京城的大家閨秀，恐怕怎麼也想不到，到老了竟會落得如此境地。而她那處變不驚的神態，至今令我印象深刻。

後來才知道：那陣子，地位正扶搖直上的林彪元帥突然講道，有人要搞政變，故意製造恐怖氣氛，將京城內的資本家等「黑五類」人員統統疏散往全國各地看管。

沒過幾天，等我們再去瞧時，這位老太太早已又轉移到另外地方去了。山裏人尊老愛幼傳統猶在，估計只要有子女寄來日常用度，老太太不至受太大的苦楚吧。

母親聽說了這件事兒後，可能預感到更大的風暴即將來臨，整日憂心忡忡，再三叮囑我們要夾著尾巴做人，切切不可逞一時之能，亂說亂動……

24

　　轟轟烈烈，鬧騰得百姓和商鋪都惶恐不安，大街小巷煙塵漫天的「破四舊」運動，則是在縣屬各單位，早已將凡有點技術含量的「反動學術權威」們都批鬥得差不多，批判會逐漸令人疲憊之後，才花樣翻新地鬧哄哄搞起來的。

　　那陣子，骨幹教員多數成了「黑幫」，被關押進「牛棚」（『文革』專用語，意指『牛鬼蛇神之棚』），縣一中裏的文化課，基本上已沒法兒上了。學生娃們如脫韁野馬，或者說如暴風雨中的「海燕」，高叫著「讓暴風雨來得更猛烈些吧」，一個個興奮狂熱到了極點──倒蠻有點跟大舅當年，進「革命大學」前的精神狀況差不太多。

　　自從五月二十八日，陳伯達出任「中央文革領導小組」組長，率工作組進駐《人民日報》報社，「兩報一刊」社論的指導性觀念，一篇比一篇更激進：

　　……過去十幾年來，文化部是「古人死人統治」，教育部「基本上被資產階級知識份子所把持」……都與毛主席的方針路線政策背道而馳，都必須全部打倒！

　　於是，我們學校在工作組的部署安排下，將無所事事，且精力充沛、興奮得嗷嗷直叫的學生們，分班級組成若干個「破四舊」小分隊。每個小分隊都委派一到兩名熟悉情況的街道居委會

文盲、半文盲老太婆帶路，高舉紅旗，意氣風發，浩浩蕩蕩殺向
了社會……

　　最先選取的目標，是那些四九年前曾經富裕過的人家。學
生們估計：在這一類人的家中，「封、資、修」的黑器物、舊
家當，肯定少不了。腦子活泛的同學甚至幻想，沒准真能翻到
諸如「變天賬」之類的東西，揪出企圖「復辟翻天」的階級敵
人，將他們「打翻在地，再踏上千百萬隻腳」，那才叫真的夠
意思哩！

　　那天清晨，我不顧母親阻攔，隨一支小分隊開進一戶舊商人
家中。我們翻箱倒櫃，卻只找到幾個繪有才子佳人的瓷瓶，和雕
刻有「壽星老頭」、「送子娘娘」的幾塊舊床擋板。雖然都拿到
巷子口摔碎、或點燃燒了，心底不免有點悻悻然，覺得不過癮。

　　領我們來的居委會老太，癟嘴巴湊我們頭兒耳邊，神秘兮兮
地嘟噥，說這戶人家過去生意做得人咧，富得流油，肯定還私藏
有金條！我們於是又扛來鋤頭「殺回馬槍」，在牆角、床底、灶
台、茅房內到處翻挖，一直折騰到黃昏。最後還是一位女同學心
細，硬是從米缸底子上，撈出來兩根金條。

　　金條半寸見方，約五寸長，粗看跟黃銅也相差無幾！我們都
第一次見識，沉甸甸捧手中相互傳遞，彷彿打了大勝仗，嘻嘻哈
哈快活著……

　　我們小隊得勝散去時，天色已漸模糊。我雖然饑腸轆轆，仍
興奮地哼著歌謠。可能母親又去縫紉社加班了。我隔遠遠就看見
爺爺、婆婆，被攆在門前小墩子上站著：另一支「破四舊」小分
隊，竟然正在我們家裏挖地三尺忙碌……

帶隊的頭兒也很吃驚，問道：「這是你家？怎麼居委會的人說是一戶大地主家庭？」

我估計，一定是爺爺當居委會頭兒時得罪的人洩憤報復，氣得眼淚汪汪，忙進屋翻出戶口本，遞給了那位同學。他翻開看罷，訕笑著說：「是貧民嘛！他媽的，老太太糊塗了，謊報軍情，難怪怎麼也挖不到金銀財寶。不過，這些老書籍、老字畫卷軸，都屬『封資修』的東西，還是要沒收的……我們回吧，夥計們都撤了！」

自從那個晚上受屈辱之後，可憐一輩子心高氣傲的「硌骨」爺爺，整日閉門房中發呆，幾乎羞於見人；實在憋悶得太難受，偶爾也會乘暮色強撐著往屋後的小菜園送點糞水，或者鋤鋤草，捉捉蟲子，極少再開口說什麼，身體一天天大不如從前。母親忙請醫生來家把脈，說是嘔氣傷肝。幾付中草藥吃下，爺爺的身體仍未見根本好轉。春節過後，可能肝病惡化，爺爺開始浮腫，兩隻腳漸漸地穿鞋都挺困難了……

爺爺病倒後，由我們幾個孫兒、孫女和母親輪流熬藥、喂藥伺候，又拖了一個多月。

爺爺死的那晚上，是我守在他床邊。爺爺氣息微弱，平靜地仰躺著。突然，爺爺喉頭呼嚕嚕一陣作響，身子輕輕掙扎一下。我以為他要坐起來吐痰，伸手正要去扶，只見他肩膀微微又抽動了幾下，眼瞼半閉望著我，腦殼陡地一歪，就死了。

按我們當地古老習俗，凡享年五十歲以上，因老、病而死，都算「喜喪」。送爺爺上山那天，親戚、街坊，來了好多人。墓

地選在老宅子背後的山腰，斜坡很陡，恐怕有三十多度。十六人抬棺，近百人用粗繩在前面拖曳，號子喊得震天響⋯⋯

那年月物質實在匱乏，為酬謝幫忙的人，母親找鄰居借來點糧、錢，買了些蔬菜和白酒、豬頭、豬下水，下葬後的喪宴辦得基本還算豐盛。有位老人，可能喝多了點，淌著老淚對母親說：「娃兒們的爺爺有福氣，攤上你這麼個能幹兒媳。我雖然好幾個兒女，到時候，只怕也難得如這般，熱之鬧之體面風光⋯⋯」

「破四舊」之初，但凡查抄到的古舊書籍、字畫卷軸、老瓷瓶老瓷罐、陳年雕花木器家俱等物件，基本上立刻就被砸碎或者焚燒掉了。記得在我們學校的操場上，白色灰燼堆積如一個碩大墳包，大風刮過時，操場上空猶如漫天飛雪⋯⋯

那次「破」的範圍，稱得上空前絕後！前面曾提到過：繪有花鳥的瓷盤、瓷碗、搪瓷面盆、布匹、衣衫、紙傘⋯⋯圖案中一百朵花中，哪怕發現一朵繪的十二瓣，就屬於明目張膽替國民黨反動派招魂，就必須砸碎、或垛起來焚燒掉！僅僅幾天工夫，國營的「百貨公司」、「生資公司」，「輕紡公司」大門前一片狼藉。經濟損失慘重。

到後來，平民百姓家裏，也幾乎程度不同都遭受到騷擾：大到屋脊、樑柱、照壁、飛簷、門檔、窗楣、過道等上面粗陋的傳統吉祥雕飾，小到床幾、木盆、方桌、靠背椅等上面的點滴紋刻，都得砸下來，扒下來，或者用刀斧削下來！

城內外幾座古老的城隍廟、三官（天官、地官、人官）廟、白衣庵、土地廟，也都給毀得不成樣子；就連距離西城門樓約兩

華里多，不知建於何朝何代，人稱「文筆」的十米多高的白色磚塔，亦被在根部埋上炸藥，徹底摧毀了……

　　縣城太小，到七月初，「破四舊」進入尾聲，或者說已經沒有什麼東西可破了。工作組又把同學們重新召回學校，學習毛主席的《炮打司令部——我的第一張大字報》，和《十六條》等中央文件。而這個時候的學生們，由於在社會上風風火火「指點江山」鬧野了，一下子突然又要呆教室裏，根本都坐不住。好不容易維持到八月，就聽有小道消息說：毛主席要在天安門廣場接見「紅衛兵」。

　　「紅衛兵」是個新鮮事物，學生們個個嚮往。工作組聞風而動，點了百多個根紅苗正而且聽話的同學，組建了「紅衛兵縣一中兵團」，又從中挑了十多個，送往北京「接受毛主席檢閱」。那些沒有被挑上去北京的「紅衛兵」，和更多沒有當上「紅衛兵」的一般同學，私下都開始憤憤不平。學校裏秩序一時更混亂。工作組發現苗頭，公開懲罰了幾個出頭的。

　　到九月底，校園秩序仍未得到根本好轉。而且有往更糟處轉化的苗頭。工作組於是決定：以年級為單位，將所有的學生，全都派往鄉下，去幫助農民搶收莊稼。

　　聽到說我們要去鄉下幫農民扳包穀，母親倒是挺高興，覺得真應該讓這些學生娃去吃吃苦頭，免得不知道天高地厚！

　　我們年級被安排的地方，是全縣海拔最高的榛子鄉和平大隊。鄉下人的日子確實艱苦，吃的包穀酸漿粑粑和酸白菜湯，穿的衣褲上補丁摞補丁！太陽未出山我們就被叫喚起來跟農民們一

起下地，包穀衣殼上的冰花凍得人手骨頭生疼！從一塊田到另一塊田，經常得走好遠的崎嶇山路……

為了搶季節，我們同當地老百姓一樣，白天扳包穀棒子到黃昏，然後在倉房裏撕包穀衣殼，直到夜半，才打著火把往各自的住戶家趕……受凍受累已經令同學們十分不好受，想到去北京的那十多個幸運兒，內心更堵得慌。有人開始罵工作組比過去的校長、老師更混蛋，不滿情緒一天比一天濃烈……

記得好像是下來半個多月後的一天中午，我們正隨百十位農民在大田裏勞動，突然看到十多個在另外公社幹活的高年級同學，順山道跑過來了。他們隔老遠就一陣嚷嚷：「你們真老實，還這麼熬著啊？北京大學的闖將們，已經將阻礙學生運動的工作組趕跑了！快跟我們走吧，也學北京的戰友，回學校趕掉工作組，自己鬧革命去呀！」

在回城的路上，高年級同學又給我們看了北京寄來的傳單，上面寫得明明白白：「劉少奇就是站在反動的資產階級立場，實行資產階級專政，將無產階級轟轟烈烈的文化大革命打下去的幕後大人物！而他的臭老婆，「美蔣特務」王光美，更是帶領工作組在北京大學殘酷鎮壓學生運動的急先鋒……」

等我們從四鄉八嶺回到學校時，工作組早已經灰溜溜離開了。由學生們推舉的「臨時領導小組」接管了權力，並開始發放「串連證」，鼓勵大家去北京，去全國任何地方，經風雨，見世面……還特別解釋不用自己花錢，沿途都設有「接待站」……

那段時間，母親為支撐全家老少七口人的衣食，雖然仍得整日腳不停手不住忙碌，其實更憂心兒女們的安危；特別是我這個

如強牛一樣的任性長子。母親最擔心我到頭來可能又會重蹈父親
的覆轍。學生娃們趕工作組的結果，讓她也傻眼了：不但未見抓
人，還由國家掏錢，讓本該讀書的娃們滿世界去「串連」……

　　究竟該不該放我去「串連」，一時同樣令母親犯難了。

　　眼前這個鬧哄哄的世界，越來越叫人看不懂了：中央號召
批「當權派」，當官的灰頭土臉人人自危；《人民日報》社論
更是旗幟鮮明支持「造反」──會不會又是「引蛇出洞」，然
後「槍打出頭鳥」？身心俱疲的母親思前想後，依舊拿不出主
張來……

25

　　由於我哭著鬧著整日糾纏，母親終於無可奈何地同意了，放
我出去串連。

　　離家的那天，她遞給我十元錢，說是出門在外，以備萬一；
又陪我去汽車站，當看到我憑薄薄一頁「串連證」，不花錢就拿
到車票，眼神頓時充滿了惶惑。

　　直到汽車快開了，站車窗外的母親，仍一個勁兒再三叮囑，
叫我遇事忍著點，讓著點，千萬千萬，絕對不可以呈強出頭……

　　就憑著薄膜般一紙「串連證」，汽車票、輪船票、火車
票，全都手到擒來──實在令從未出過遠門的十七歲的我太興
奮了！無論車上、船上，到處是來自天南地北的同學少年！一
個個差不多也跟我一樣，興沖沖對未來充滿幻想。記得在去武
漢的輪船上，我還請一位蒙古族女孩，在我的語錄本上用蒙文
寫了「毛主席萬歲」幾個字。在餐廳裏，幾個梳滿頭細辮子的

維吾爾族姑娘，竟笑嘻嘻跳起新疆舞，頓時贏得來自五湖四海不同民族的年輕學生好一陣尖叫和掌聲……

從江漢關碼頭登岸後，我們一起出來的二十多個同學，被安排住進了離漢口火車站不遠的一處接待站。都是孤陋寡聞的山裏娃，頭幾天，完全被繁華、擁擠的都市街景迷住了，傻乎乎看什麼都新鮮……突然，從北京傳來一度風靡全國的「譚力夫講話」，主題詞就是：「老子英雄兒好漢，老子反動兒混蛋。」

一石激起千層浪，平日裏原本相處得還蠻不錯的二十多個同學，一下子，竟分成根正苗紅的好出身，和「黑五類子女」兩堆；甚至有人嚷道：「所有『黑五類』子女，都不得去天安門廣場接受偉大領袖的檢閱！」

當天下午，我們中間三個出身「小業主」或「工商業兼破產地主」家庭的女同學，滿臉羞赧去碼頭拿到船票，灰溜溜結伴上重慶去了。還有幾位「黑五類」子女，也於第二天上午南下去了廣州。身為「極右派」子女的我，一時更身孤影單。我悶悶地龜縮在接待站裏，又捱了兩天，聯想到母親曾說我「沒有資格」關心國家大事，心底愈加不服氣。到晚上，我拿起裝著「紅寶書」和兩件換洗衣衫的小挎包，獨自來到火車站，混在鬧哄哄的學生隊伍中，硬是擠進了開往北京的火車……

從全國各地，湧往北京「朝聖」的學生洶湧如蟻陣，實在是太多了！

據說，當時北京市內所有的接待站，已經全部飽和！我們這一趟列車，每節車廂裏都超員一倍，行李架上也爬滿了學生，過

道上被擠得水泄不通！抵達西直門車站是下午，壩子上已經聚集有萬餘外地學生，都正在等待安置。

　　季節已是深秋，天黑之後氣溫驟降。幾個從東北過來的大學生，不知從哪兒翻到一些廢棄的木質舊桌椅，竟然在站前廣場上燃起篝火。學生們興奮得嗷嗷直叫，四處尋找可燃燒的東西，很快又燃起了十多堆。來自五湖四海的學生們圍著篝火唱啊，跳啊，快活地鬧騰到夜半。氣溫更低了，篝火已無可燃物為繼。十多輛軍用卡車送來數百名軍人，將學生們很快分成百多人一隊。我跟著其中一支，由三位軍人引領，住進了府佑街（因緊傍中南海，曾一度改名叫韶山路）中共中央統戰部內的一個大禮堂。

　　能住進中央機關，我們真夠幸運的。這兒不但三餐都吃得不錯，每天還發點水果。活動也安排得挺人性化：願意集體行動的，由軍代表帶著去各學校或工廠參觀；自由行動也不加干涉，只要按時返回駐地就可以……有一天，是吃午飯吧，給我們端菜的竟然來了一位戴眼鏡的白胖老人。看得出他已經很有點年紀，銀白色的短髮茬，從絲綢質地的藍帽子上戳出來好多！只見他慈眉善目端完菜，就站在桌旁笑眯眯看我們吃，好一會兒後，才慢吞吞離去。一個工作人員望著他的背影小聲說道：「他就是統戰部長張經武。」

　　我們住府佑街的這一批學生，於十一月二十六日清晨被告知將接受毛主席檢閱。天朦朦亮，就開始整隊出發，很快就被安排坐在電報大樓對面的街牙子上了。

　　天漸漸明亮，長安街兩旁紅旗招展，南腔北調的革命歌曲如同地震海嘯，一浪高過一浪……正當大家引頸張望得有些疲憊時，高音

喇叭裏響起了《東方紅》曲調。一個呆北京已經好幾個月、受過多次檢閱的保定學生，用過來人口氣說道：「主席就要下城樓了。」

　　一會兒工夫，坐在街牙子上的學生群開始騷動。就看見四輛裝滿軍人的卡車，在空曠的街面上緩緩移動，從天安門方向開過來了；卡車後面百多米，則是呈半圓形的威武的摩托車隊，再後面，才是毛主席和其他中央領導人乘坐的檢閱車。那天，我因為個頭矮，給安排在學生隊伍的第一排，緊貼著三排手挽手表情肅穆的士兵後背。長安街上怕有百多萬學生，都想看得更清楚些，瘋了似地往前湧，巨大的人浪起伏洶湧。士兵人鏈雖然傾全力朝後扛，仍被擠壓得半寸半寸地往街心艱難退縮著……

　　我急中生智，平抬起胳膊肘兒，分別掛在前面兩個士兵的左右肩頭，雙腳雖懸空，由於後面人往前緊緊擠壓，想掉下來都不可能。檢閱車開得極緩慢，只見毛主席腰板筆直，眉頭微皺，還在思索著國家大事吧。老人家身材魁梧，平靜地環視四周，不時緩緩地揮一下手。緊跟後面的那兩輛車上，分別站著同樣一臉嚴肅的林彪元帥，和周恩來總理。再後面則是兩位或者三位領導人共乘一輛檢閱車……鄧小平副總理好像在第八輛車上，而國家主席劉少奇所乘坐的檢閱車，當時已經擺到了末尾……

　　我還記得：檢閱車過後，興奮的學生如螞蟻徜徉，寬闊的長安街上人頭攢動，被擠得水洩不通。剛才湧擠時給踩掉的各式鞋子，一圈圈堆人行道上，好多赤腳的男生、女生，「咯咯」笑著，正不好意思地在裏面彎腰尋找合適的……

　　我在北京呆了十九天，受檢閱後，還去探視了一位在北京航空學院工作、一直未曾謀面的遠房二姑。她們家在舊縣城裏曾開有一

間肥皂作坊，「土改」後被劃為「工商業兼破產地主」。一九四九年，「第四野戰軍」的一個師從我們縣路過時，當時正上中學的二姑隨即參軍，起先在師部宣傳隊，後來，就跟師長結婚了……

「大串連」那會兒，二姑她們家住在地處鼓樓東大街北鑼鼓巷的空軍大院裏。大門口有手持自動步槍、目光威武正視遠方的儀仗兵，側門上還有登記處和挎短槍的遊動哨。聽說這位二姑父一九五五年授少將軍銜，當時好像是空軍後勤部的部長或副部長吧。記得我去的那天，還有兩個年輕軍官正給他彙報工作。見面之後，二姑父直誇我：第一次出遠門的山裏娃，獨自在北京的街巷胡同裏竟沒有迷路，了不起……

從北京回來已是十二月初。在外跑了近一個月，所帶的十塊零花錢還剩五塊。我掏出來遞給母親時，她還笑了，說：「快過大年了，怎麼也不給我們買點禮物？」

一九六七年一月，王洪文在上海奪了市委的大權。毛主席讚揚說：「上海革命力量起來，全國就有希望。它不能不影響整個華東，影響全國各省市。」

過了春節，我們這兒也開始了「奪走資派的權」。那可真是「亂世英雄起四方」！僅一夜工夫，城內造反組織林立，什麼「衛東彪兵團」、「全無敵司令部」、「殺向社會聯絡站」、「虎膽獨立師」……膽兒大的傢伙，扯塊紅布，用黃油漆寫上名稱掛起來，就是一座山頭。那些個曾經大權（或小權）在握的縣長、局長、主任、股長、所長、站長們，因為沒了上面支持，忙不疊交出象徵權力的公章，一個個哭喪著臉，都傻眼了！

　　縣國營煤礦一吊兒郎當漢子，肩扛「世界一片紅集團軍」大旗，帶領幾個街頭混混，一個上午，竟奪了大小二十多家單位的權。他手提裝滿公章的沉甸甸軍用挎包，樂呵呵招搖過市，引得好多人圍觀。面對亙古未有的新鮮事物，好多人心存疑慮，但也只能背著臉悄悄作不屑狀，絕對不敢妄加評說……

　　社會上一些痞子、無賴、懶漢、混混們，也能肆無忌憚「奪權」，令不少一些持正統觀念的規矩人開始憤憤不平。是可忍，孰不可忍！他們冷眼觀察一段日子之後，終於也次第掛出紅旗，組織成另一類的「造反」隊伍，開始了從對方手中的「二次奪權」……「人民」開始分化，並形成派別，這也為後來血腥的「打派仗」埋下了禍根。

　　很快，好多個行政事業單位及工礦企業，亂糟糟都陷入了「權力真空」。無事可做的人們，都走上大街關心或者辯論起國家大事來，眾說紛紜，議論紛紛：「造反派」正確？還是「保守派」正確？全國的革命形勢到底是「好得很」？還是「糟得很」？一時間，成了小城人立場的主要分野，和辯論的最主要話題。

　　對立雙方在窄街上聚成一簇一簇人堆，唇槍舌劍，辯論得嗓門沙啞，場面空前激烈，連吃飯好像都成了不太重要的事情。中學生真摯單純，加上受北京、上海、武漢等大都市來的激進大學生鼓動，多數人持「造反派」立場。膽兒小的普通百姓，以及本分、忠厚的廣大工人農民，畢竟受「君君臣臣父父子子」等傳統觀念牽制，同時又還多多少少受到被他們視為「正統」的一大批給「奪權」了的各級政府官員們暗中支持，使「保守派」們無論在人數和底氣上，都明顯占著優勢。

　　我們家裏面的情形也亂了套：我和弟弟支持「造反派」，姐姐和妹妹支持「保守派」，令飽嘗世態炎涼的母親左右為難。進入夏天後，兩派之間的衝突越來越白熱化，彼此已經開始不時地動動拳頭了。大、小官員們暫時也只能作壁上觀，形勢嚴重失控。好在絕大多數的農民和工人暫時還沒有太亂套，仍舊還在那兒規規矩矩種田、織布；年成也算風調雨順，百姓的衣、食，尚能夠基本滿足……

　　七月二十日，焦躁的武漢保守組織「百萬雄師」，圍攻了從北京來的「中央文革小組」成員謝富志、王力，釀成了一時轟動全國的「七、二〇事件」。

　　七月二十五日，林彪副統帥和江青在北京主持召開群眾大會，公開支持武漢「鋼工總」、「鋼二師」等「造反派」組織。整個湖北的情形立刻急轉直下，「造反派」乘熱打鐵，手執「尚方寶劍」，更加有恃無恐。「保守派」組織「百萬雄師」已成強弩之末，僅僅幾天工夫，數百萬之眾便都作鳥獸散了……

26

　　由於「七、二〇」事件，湖北的「造反派」至上而下奪權成功，暫時取得了勝利。我們縣那些個五花八門的「造反派」隊伍，又經過十多天鬧哄哄的協商討論，好不容易推舉出七位臨時領導成員，堂而皇之地搬進了縣政府辦公樓。

　　新的權力機關，起初好像是叫什麼「公社」吧，後來才改稱「革命委員會」；最高權力者稱「一號勤務員」，如此依次類推……

當年，由於「紅衛兵」幾乎相當「天兵天將」，「一號勤務員」理所當然，由我們一中高二班一個姓李的同學擔任。縣級「勤務員」的下面，還需要三十多人去接管原政府直屬各部、辦、委、局。各路造反隊伍中，想當局級「勤務員」的主兒更多，爭得幾乎打破腦殼。明眼人都看到：接踵而來的分裂、武鬥，幾乎已不可避免……

那陣子，整個小城內有一種軍事管制的意味。母親她們縫紉社裏，一些家中負擔不重的婆婆媽媽們，也全都跟著湊熱鬧，只要隱隱聽到集合號，丟下手中活計就跑。母親經常一個人呆那兒忙活，有時候乾脆掩了店門，圖個清靜。那段日子生意極清淡，城裏人的心思全用在起哄「革命」上，顧不得添置衣衫；農村人膽小，都不敢進城裏來。

世道不太平，找其他掙錢的活兒更難。縫紉之餘，母親幹得最多的活兒，仍舊是割馬草賣給搬運社的騾馬隊，或者替服務公司背煤炭……

我因為人物畫得不錯，當時被安排在有四、五個人的「宣傳組」裏，無非是臨摹些《掃除一切害人蟲》、《革命造反精神萬歲》之類的大幅招貼畫。上街去張貼又有專門人員，「宣傳組」裏並沒有太多的事兒可做。

我對「奪權」完全沒興趣，熱鬧都懶得去看，倒是乘亂悄悄破窗進到學校圖書室，從被封存的禁書堆裏，抱了好多本法國小說回家消閒……

一天，母親可能往騾馬社送新鮮馬草剛剛回來吧，頭髮汗得一綹一綹粘臉皮上，進門時見我在看書，腳步聲立刻輕得幾乎聽

不見。她臉色發白，帶著倦意輕輕坐舊木椅上，並沒有要說話的意思，不過打算合眼暫時打個盹兒歇歇吧。

當時，大概是我內心覺得母親忙累成那樣，兒子卻悠哉遊哉看書享清福，所以臉上有點掛不住——心事偏偏又讓母親發現了。

她輕輕歎息，微微笑說道：「……我只是想稍稍眯會兒。打擾你看書了吧。就老老實實呆家裏看書吧，只要莫再往外面亂跑，讓我天天把飯遞你手上都樂意。你媽苦不死，累不死，一天到晚，擔驚受怕得要死！你也該懂點事兒了，一家人能平平安安活著，多好啊。我已經經歷過你父親當「右派」那次災難……最怕的，就是在你們身上再來一次……真那樣，我可就再沒有力量支撐下去了……」

那年十八歲的我，個頭兒一米七五，雖然十分瘦弱，畢竟有了點男子漢模樣。我真誠地覺得自己是為了國家更美好，認為母親錯在「經驗主義」，是杞人憂天。

那時候，母親上要供養公婆，下要撫育三個分別讀高中、初中和小學的兒女，仍需苦苦掙扎，的確也沒太多的時間緊盯我們。其實，受成長環境局限，我們膽子都不大；除姐姐稍活潑，三個小的都比較木訥內向，不善於與人交流，害怕往人多的去處湊。但我們內心都認死理，而且撞倒南牆不回頭。這也正是母親所擔心的。

有一天，在文工團工作的二十一歲的姐姐，聽人說一個「保守派」的學生頭兒，被打得渾身都是傷。於是她買了點水果，邀約上幾個志同道合青年前往探視慰問。那個學生頭兒跟我同年

級，據說，「造反派」棍棒拳腳相加，都沒讓他淌一滴淚。姐姐她們一行進屋時，孤零零趴架子床上動彈不得的他，感動得涕泗滂沱……

這事兒很快就讓人給告發了，說他們秘密串連，制定計劃，陰謀東山再起。姐姐她們幾個立刻被抓，分頭審問。姐姐說只是去探視遭打的同志，所謂「串連」、「再起」等等，完全沒有的事兒！審問室內還有兩個扛步槍的小嘍羅，覺得姐姐昂首挺胸的模樣和神情，簡直就像舞臺上的革命先烈「江姐」，氣憤憤舉起步槍，竟砸了姐兩槍托……

十一歲的弟弟，也是「造反派」下屬「毛澤東思想紅小兵」的成員，一丁點瘦小個兒，肩膀上戴大紅神章，神氣得狠！他也忙得不歸家，成天背個裝滿傳單的小軍用挎包，熱情天真走街串巷，遇著誰都笑嘻嘻遞上一張……

母親是好幾天之後，才曉得了女兒挨打的事，越想越覺後怕。可是，除了性情溫和的妹妹，母親誰也管不住。家庭負擔是那樣沉重，對兒女們未可知命運的恐懼又如此巨大，可憐的母親，那段日子裏，頭髮又愁白了好多！

爛漫活潑的姐姐，經歷了那次平生唯一的武力恐嚇，成了「逍遙派」，人也變得更文靜。不過，姐姐算不得純粹的「逍遙派」，她有一副天生的好嗓子，熱愛表演藝術，需要舞臺和觀眾，就像需要空氣一樣。她幾乎不再過問窗外事，經常把自己關在宿舍裏練功、練嗓，以此來打發時光，漸漸地，成了我們小城文工團的台柱之一，高音女一號。

　　自從殘酷的「派仗」打起來之後，我被昔日戰友間反目成仇、欲置對方於死地而後快的血淋淋畫面震驚，心灰意冷，成了真正的旁觀者。

　　但我作不到姐姐那樣，仍舊揪心於時局發展，默默關注著「祖中的前途，人類的命運」：但凡雙方爭城掠地、打鬥得最激烈的地方，總有我像戰地記者一樣，緊貼前沿，認真地冷眼旁觀，並在心底牢牢地紀錄著……

　　打「派仗」的理由，名義上是為爭「正統」、「唯一」的革命派「高帽」；說白了，不過是各派頭兒們為了一已之私利，為了手中能掌握更大的權力，好最大限度地滿足自己的佔有欲和支配欲。最可憐是對立雙方的那些「文攻武衛隊」隊員：他們大多十七、八或二十郎當年紀，心地單純，激情燃燒，慷慨赴死，無怨無悔……

　　「在需要犧牲的時候，要敢於犧牲，包括犧牲自己在內。完蛋就完蛋，完蛋就完蛋！嗨！上戰場，槍一響，老子下定決心，今天就死在戰場上了！」

　　我之所以一字不拉，把這首時稱「林彪副統帥語錄歌」按唱的樣子抄錄在這兒，是覺得這歌太可怕了。據說曲調還是一位德高望重的老作曲家所譜寫。詞兒就不說了。那曲子，無論是激昂的旋律，還是那如擂動戰鼓、似疾風暴雨般的進行曲節奏，太蠱惑人了，以致現在哼起來，我都會恐怖得渾身起雞皮疙瘩……

　　縣城內的第一次大規模「武鬥」，發生在一九六七年夏天。以「鋼工總」和「東方紅公社」為首的「鋼派」，為擴張勢力範圍，從鄉下各個中學接來好幾百學生，聚集在縣政府招待所，敲鑼打鼓地開起了全縣「紅衛兵代表大會」。

　　由神農架林區最大造反組織「新林區」，和「新一中公社」結盟的「新派」，當然絕對不能容忍，集合了近兩千人的隊伍，將佔據縣城的「鋼派」，通過巷戰，從一棟樓房一棟樓房中逐出，最後，全給包圍在當時城內最高的五層樓招待所裏了。

　　總攻擊之初，雙方還只不過用棍棒、石塊、強力彈弓相互對打。「新派」攻佔下招待所一樓之後，由於樓梯間被守衛者用重物堵塞，只得再組成敢死隊，從旁邊的屋頂往二樓突擊。「鋼派」們亦拼死抵抗，桌椅板凳瓦片磚頭如雨點般砸下來，突擊上二樓的十多個敢死隊員，寡不敵眾，最後紛紛被逼從窗口跳樓，個個頭破血流，近半數跌斷了腿杆……

　　那次武鬥之後的將近一個多月時間裏，縣城幾經易手，「城頭變幻大王旗」。到最後一次大武鬥時，已經用上手槍、步槍和炸藥包……大開殺戒的最終結局，是數人失蹤，數十人傷殘；「鋼派」的頭兒被打死，「新派」最終取得了全縣的控制權……

　　「鋼派」的頭號勤務員，是神農架林區測量隊的一位技術員，「新派」的頭號勤務員則是林區車隊的一名卡車司機，都三十多歲年紀吧。「文革」前，兩個人據說還是蠻好的朋友。技術員白白淨淨，儒雅斯文。卡車司機則是個大塊頭，平日待人亦豪爽義氣……那的確是一個讓人瘋狂的年代，回頭看都不敢相信！

　　卡車司機後來也沒有落得個好下場：到一九六八年十月，各級「革命委員會」終於相繼成立了。隨著大部分一度被奪權的職業行政官員重新走上領導者崗位，湖北的造反派頭兒，絕大多數人很快都遭到了程度不同的清算；在得知即將被拘留審查的消息後，「卡車司機」就在家中上吊自殺了……

27

「造反派」土崩瓦解，一切權力歸新成立的「革命委員會」。

而依靠自己在土裏刨食的尋常百姓們，畢竟懂得鬧騰換不來過日子所必需的油鹽柴米，小城內的秩序，逐漸又回復到「武鬥」前的模樣。

縣一中也成立了校「革命委員會」，號召廣大「小將」聽從主席召喚，回學校「複課鬧革命」。「文革」學生俗稱「老三屆」，包括初、高中共六個年級。兩年多的「經風雨、見世面」，他們差不多都鬧野了心，也玩野了性。更何況「打黑幫」已讓老師們戰戰兢兢，講什麼？怎麼講？老師們也都內心糊塗……

這會兒，母親高興了。前面說過，她對典章書籍一直充滿敬畏，無論多忙多累，只要看到兒女們手捧著書，瘦臉上就會不自覺泛幸福的笑意……她說：「開卷有益咧。特別是男子漢，多讀點書，多懂點事理，踏入社會後總會有用處。我一個女流之輩，那會兒要不是剛生下你，離不開，肯定也去『革命大學』讀書了。那些寫書的人腦袋瓜最靈光，讀書就像是聽聰明人聊天，不亦樂乎啊……」

曾經充滿火藥味、血腥味（與我們湖北省相臨的四川打得最利害，據說還動了大炮、坦克），亂七八糟幾乎失控的時局，在幾句「最新最高指示」的干預和引導下，竟也很快就神奇般地安靜下來了。街道上走動的儘是些表情麻木、為奔生活而匆匆忙忙勞作的行人。遊行、集會已成昨日黃花，似乎根本就沒有發生過。

但各個單位裏的「鬥、批、改」、「清理階級隊伍」、「三反一粉碎」……等等運動，仍在一個接著一個地花樣翻新進行著，鬧騰得人人自危，如履薄冰；一些人為了自保或者洩私憤，明爭暗鬥，造謠中傷，大家活得其實都不輕鬆。

學生們之間倒是不太記仇，冷靜下來後，想到自己心潮澎湃，激情燃燒，甚至不顧生死，到頭來竟然是被當了猴耍，不過一場空折騰！也都惶惑了，迷失了方向。

無論是「造反派」還是「保皇派」，一時間，幾乎所有的「老三屆」學生，彷彿一下子墜落到了世紀末，抽煙，喝酒，打架鬥毆，談戀愛之風也逐漸彌漫開來。我們班就有一個少年，悶葫蘆樣一個人，竟悄悄與時任縣委書記的么女兒戀上了，並很快就偷食禁果，以至懷孕。女孩比他矮幾個年級，好像才十五歲……

正在學校當局不知該如何是好的時候，又一段最高指示傳達下來：「知識青年到農村去，接受貧下中農的再教育，很有必要……」。

也許是縣裏的頭兒們，擔心學校可能鬧出更大亂子——還沒等到我們緩過神兒，如同強力遣返難民似的，當局不過用了半個多月時間，縣一中六個年級的落魄學生為情勢所迫，一下子全都給送往了四周的大山裏……

我們這一撥學生是在陽曆年前夕，扛著紅旗，被敲鑼打鼓送下去的。因為對前途感到渺茫，大家的心裏也在七上八下打著鼓。

就算是懲罰，畢竟棍棒打在所有學生的頭上——母親當時可能這樣想吧。臨分別那會兒，雖然有人哽咽，氣氛壓抑，母親似

乎倒並不見太傷心。而我，因為逍遙得實在太久，或者說對未來從來一直都未抱太多希望，壓根兒不太難受；私心甚至還覺得，換個陌生環境，自由自在地過，倒也蠻不錯的。

我和另外兩個男生，被安排在龍珠公社古洞口大隊三生產隊，地處李來亨抗清時所築古寨堡下面的半山腰。我們一行人順縣城步行到古夫區政府後，立刻又被一位鄉幹部引領著，馬不停蹄，順曲曲彎彎的山道埋頭朝山上爬。剛巧天上正飄著往年難得一見的鵝毛大雪，「山舞銀蛇，原馳蠟象」，風景好看極了！

抵達撒落在半山腰的村落時，天色已近黃昏。生產隊裏的老少爺們，全都擠在各自的大青石簷坎上看稀奇，大概也跟我們看山中雪景一樣心情吧。幾個包著髒兮兮花頭巾避寒的女娃，一路緊跟我們身後指指點點；簇擁著我們進到一間屋子後仍不肯離開，又紮堆兒擠小格子方窗外面尖叫，嬌笑，快活得彷彿看到什麼「西洋景」！

山裏人善良、好客，最初的那幾個月，全都視城裏來的學生娃如自己遠房的侄兒，幾乎天天有人給我們送白菜、蘿蔔、洋芋、南瓜，還有核桃、板栗、楊桃、葵瓜子，甚至煮好的湯圓、醃透了的水鹽菜。熱心腸的嬸子、大娘們，一天幾趟地來我們住地，手把手幫我們生火，教我們煮飯、炒菜……

這其間，還發生過一件趣事最有意思了：一位中年農民耕「冬泡田」起埂時，從污泥裏意外翻出個重兩斤多的冬眠甲魚。這事兒他也極少遇到，沒有如何處理或者食用的經驗，就笑呵呵給我們送過來了。可笑我們三個男生，平日煮飯都勉強，更別說處理甲魚；只是都還曉得甲魚會咬人！經過好一陣嘻嘻哈哈手足無措，學生

嘛，敢想敢幹，就熬了鍋開水，然後用畚箕兜上甲魚，「撲通」一聲丟進開水裏。甲魚拼命掙扎，攪得燙人的水花四濺。我們忙拿木鍋蓋死死壓住，臉上、手上給燙得生疼，三個人都笑彎了腰……

那年月物質匱乏，平日裏極難得吃到「葷菜」。我們無師自通，將煮好的甲魚肉撕下來，蘸著醬油吃……現在偶爾想起，還都會饞得流口水。

那時候，種田的農民也難吃上飽飯，勞動強度又大，一個個都瘦筋巴骨。有幅畫面至今令我印象深刻：一位五十來歲的農民帶著我們在引水溝旁幹活，中午，他雙手捧老婆送來的好大一土缽米飯眩耀說：「你們幸虧下到我們這兒，頓頓有米飯吃！倘若下到高山，那就慘了。高山人從木兒過大米，到我們低山來弄點穀子，回高山直截煮了就吃，哈哈哈，一個個把嘴巴都給磨出血來啦……」

看著他搖頭晃腦得意洋洋，我還在暗想：一頓吃那麼多，人怎麼還瘦得像蒿桿？

他講著講著，低頭湊土缽上吃一大口，雪白的米飯堆上，立刻呈現出一個大黑洞。原來，米飯只不過在上面薄薄蓋了一層，下面盛的全是煮成墨綠色的紅苕葉……

日子長了，好客的山裏人自顧不暇，也只能站老遠看著我們經常喝醬油湯。姑娘、小夥偶爾仍過來坐坐，揣個嫩南瓜，或兜幾個紫茄子、紅胡椒什麼的悄悄擱牆角；彼此之間其實並沒多的話說，都是從心底同情我們。

吃得差倒不算啥，至少對我們而言，日復一日的農活才真正叫苦！且不說「三伏天」毒太陽曬得胳膊、臉巴上脫皮，「三九

天」冰雪凍得指關節上起瘡。就說「鋤禾日當午」，包穀杆一人
多高，修長葉片上的毛刺割得人胳膊、腿杆上到處是一道道如鞭
打般的紅痕……還有背著穀捆走窄田埂，剛出土的茅草尖紮腳
板，疼痛直往心裏鑽……

實話實說，我們這些外來學生年少任性，調皮搗蛋，沒少給
當地農民添麻煩。由於最初半年有政府給糧，還給點油鹽錢，吃
飯暫時不成問題。我們幹三天歇兩天，出工不出力。甚至偷雞摸
狗，偷山民們自留地裏的蔬菜、水果，偷著扳他們屋後竹園裏的
嫩筍……弄到後來，山裏人看我們，就像中國人看「洋鬼子」，
敬而遠之，關係一度非常僵。

我們學生也煩啊。想當初，抱成團兒的我們，戰天鬥地，指
點江山，是何等威風！如今不行了，如同一把兒鹽粒撒進江河，
無足輕重，什麼都沒了……

世紀末情緒，如瘟疫在我們之間相互傳染。男生女生，看
什麼都不順眼，對什麼都不在乎，即便農忙時節，也完全不管
不顧，經常聚集於白雲青山之間耍嘴皮子，玩累了，則湊份子
錢在一塊兒吃喝飲酒（買農民私釀的苞幹酒），然後如瘋子樣
嬉笑怒罵，嘲笑自己的過去，也漫罵譏諷一切過去認為神聖的
東西……

有一段不知誰編的順口溜，表面上是說農村廁所的，因為將傳
統的褒意詞、貶意詞混用，頗具顛覆意味，一度在當時流傳很廣。

「夜半小解，廁所無燈。

『撲通』一聲，掉進茅坑。

　　垂死掙扎，壯烈犧牲。

　　為了紀念，茅房安燈……」

　　我們這撥兒所謂「老三屆」學生，太會鬧騰，大多在農村只幹了一年左右，便先後都給安排到各個廠礦企業去了。這些個天不怕地不怕的「紅衛兵小將」終於走了，農民的小日子也清靜了許多，他們心裏，說不定如送瘟神一般高興呢。

　　由於我頭上罩著「可以教育好子女」的荊冠，當時被安排在只有三十多職工的一個地方國營小煤礦。那兒原來屬勞教煤礦，除我們剛去的這幾個「揹運」的知識青年外，餘下清一色是頭上有「帽兒」的右派和歷史反革命。

　　我在這礦區幹了五年多，發現他們並不像當時的文學作品和電影、戲劇裏所描繪的「妄圖變天」，「策劃於密室，點火於基層」什麼的，不過都是些運交華蓋的普通人。記得有個姓姜的漢子，亦貧出身，四九年前為養家糊口，多次自賣自身頂替富家子弟當壯丁，在舊軍隊當過幾年兵。四九年初返鄉後，保長自作主張，將他的名字寫在成立不過三、五天便樹倒猢猻散的「反共自衛隊」名冊上了。新政權成立後，清匪反霸，土改、三反五反……他一直是骨幹積極分子，還當過一陣子幹部。

　　老姜心地單純，當「歷史反革命」好多年了，除吃飯，穿衣，討好並未棄他而去的鄉村小學教員老婆之外，倒也樂樂呵呵並無他求。我進礦一年多之後，一次為搭救兩個被困礦工，老姜其實已出了井口，又返回去，最後讓毒氣薰死在井下。死了也還是「歷史反革命」，屍體給埋亂墳崗子上，家屬

得不到半分錢撫恤金……他不識字，性格也開朗，喜歡唱建國初期的那些諸如「鎮反」、「抗美援朝」、「土改」的時政宣傳老歌。

在「黑五類」成堆的勞教煤礦當工人，其社會地位，也如同這些「有污點的」可憐巴巴「罪人」，讓周圍的人瞧不起。我倒無所謂，畢竟每月能按時拿到工資，八小時之外，可以喝點酒，看點書，也知足了。

妹妹，弟弟，後來也都去鄉下接受「再教育」。或一年多，或兩年之後，受父親的政治身份所影響，弟弟分配進建築隊當泥瓦匠，妹妹安排到一個街道小旅社作服務員。

母親看著別人家的娃兒遠不如自己的兒女優秀，卻一個個進的好單位，心底雖然難受，也只能暗自歎息。

兒女們都有了工作，母親可以稍稍歇會兒了……

補遺　「凱西莫多」之死

每當我散步路過因三峽庫區移民，而由國家文物部門出資整體異地重建，冠名「陳白嚴老屋」的古民居時，就會不由自主，想起陳敷勝這個好人來……

陳敷勝是我二姨父陳白嚴前妻生的兒子，幼年喪母，一直跟著我二姨媽長大。他長相醜陋，大概是先天脊柱側彎吧，不但肩膀右高左低，脖子、臉膛也都往左歪得利害；身材壯碩，胸膛脊背厚得不成比例，嘴巴也厚，大鼻孔有點上翻，溫乎乎的小眼睛如用指甲掐出來一般……

　　自從看過電影《巴黎聖母院》之後，我就在心底稱這位表兄為敲鐘人「凱西莫多」。他真的像凱西莫多，善良，勤勞，忠厚，誰都不曾傷害過，卻死得十分悲慘……

　　是「文革」後期吧，陳敷勝都三十出頭了，好不容易才討到老婆。媳婦先天弱智，啥事也不會幹，說話東一句西一句，傻乎乎不著邊際。結婚後，他們倆口兒仍同我二姨媽和外婆擠在那間不足二十平米的破廈屋裏，不方便極了。陳敷勝忙完田裏忙家裏，一個人踩泥打土坯，人都累得脫了形，辛勞了大半年，終於備夠了兩千多塊土坯。

　　雖然在平日裏，周圍農民誰家有事喊，他都要去，而且討好似的撿最重的活兒做，從來不惜力氣。由於是地主家的兒子，他蓋房，誰都不敢來幫忙。他其實四九年時，大概只有八、九歲，自懂事就受歧視，倒是鍛煉得什麼都會點兒。他一個人就這麼悶胡蘆般又忙碌了兩個多月，占地約六十平米的土坯房總算完工了。當他領著媳婦搬進溢有泥土味的新屋時，可以想像心底是多麼高興！

　　一九七五年初冬那陣子，農村好像又在搞「清理階級隊伍」吧。一天出工時，駐黑蔭灣的工作組，發現陳敷勝的弱智媳婦穿得單薄，便派人上他們家查看，翻到了我母親送給他們的幾小段花布邊角料。工作組拿到布料，立刻召集村民批鬥陳敷勝，說「工商業兼破產地主」家少爺，虐待貧農出身的媳婦，說明還沒有改造好，勒令他第二天搬出土坯房，住到一處偏遠的草棚裏去。

　　想到辛辛苦苦剛修成的房子又住不成了，那個晚上，估計他一夜都沒合眼。第二天一大早，他故意說羊子在啃田裏的白菜，把弱

智媳婦、我二姨媽和外婆先後支開，然後，一個人躺在床上，引爆
了壓肚子下面的炸藥……引爆之前，這位「凱西莫多」好人，還特
意找來一床厚棉被緊緊裹在身上，擔心迸濺的血漿可能污染到牆壁
——至死都捨不得破壞親手剛剛蓋起的土坯房……

　　死後，周圍山民才念叨起他的為人老實忠厚，肯幫忙，能吃苦
等等好處來。埋葬的時候，大家心照不宣，用石頭給他砌了一座好
大的墳頭……

第六章

28

我們家百多年來一直居住著的那棟肋架結構老宅子，作為支撐的粗立柱雖然還蠻結實，鑲嵌的厚松木板早已呈腐朽的深褐色；大門前的涼亭，長年遭風霜雨雪侵蝕，如耄耋老人，顯得頭重腳輕。老宅子有上下兩層（樓上靠前、後簷處，完全直不起腰），占地卻不過七十多平方米。歲月流逝，兒女們一天天長大，眼看著就快不夠住了。母親心裏急得慌，確實又怎麼也擠不出閒錢來翻修房屋。

我這個人天性散漫，不能忍受約束，不是個好工人。進煤礦之後，每天例行問班長該幹哪些活兒，然後一鼓作氣，完成任務後就走人，不太遵守八小時工作制度。

其實，回到家並沒啥具體事兒可做；又口齒木訥不善言辭，也沒多少地方可走動。不過我跟文化館老館長關係不錯，一次可以借十本書。那年代圖書室的藏書少，沒多久，可供閱讀的外國小說差不多都看了。二十二、三歲年紀，什麼也不幹，又沒啥事兒值得去想，還真止特難受。我於是心血來潮，決定拆了舊宅子蓋新屋！

我知道家裏沒有錢，就自己動手帶個頭，先來準備建房需求量最大的土坯。而且說幹就幹，從礦上回來後，就一個人去挖土，剁稻草，踩泥，抹土坯……常常大汗淋漓，渾身糊得像泥猴，還越幹越帶勁，人整個兒彷彿著了魔！

母親起初以為我不過是「人來瘋」，看我真幹上了，抽空兒便過來幫忙，還喊在香溪河上當縴夫的二舅，不時地也過來幫著

踩泥。那陣子弟弟、妹妹還在鄉上，偶爾回城歇幾天，都幫著拼命幹。還有我十多個煤礦的朋友，也熱心腸參與，沒得吃，沒得喝，一個個仍不惜力氣，不怕髒累，幹得嘻嘻哈哈快快活活⋯⋯都是乘工作之餘。

就這麼斷斷續續，忙活了差不多大半年。近四千塊土坯磚如小長城、如列隊的士兵，上邊還蓋著偽裝網似的遮雨草簾，迤邐矗立在了老宅子四周。

成排成排的土坯如士兵一樣站著，對母親的心實在是個巨大壓力：家裏當時總共才三、四百塊錢的積蓄，還得等到哪一天，才能開工啊？

但是我決定立刻就幹。我計算過：椽子、瓦塊、檁條、大樑等等，拆老宅子時細心點，基本上差不了太多；而那九根粗立柱和那些橫樑，則可以送鋸廠解成木枋作門窗⋯⋯最主要的是我相信我的窮親戚，以及那幫煤礦朋友的俠義心腸；相信就憑母親摳牙齒縫積蓄的那三、四百塊錢，新房子一樣能夠蓋起來！

拆房子，平屋基，我們大夥兒抓緊又抓緊，整整用了三天時間。

三排龐大的木肋架，全是過去老木匠們常用的榫鉚結構，彼此受力，而且咬得十分牢靠。幸虧朋友中有個父親是老木匠的李姓小夥子懂，拍著胸脯擔保沒問題。

幹到第一天黃昏時分，粗大笨重的木肋架幾乎沒遭到太多斧頭、鋸子的損壞，已經躺倒在泥土地上了；黑瓦和椽子、檁條則分門別類，被整整齊齊地堆放在屋後枇杷樹下的斜坡上⋯⋯而我

的那十八、九個熱心快腸的年青朋友，渾身上下都蹭滿了老宅子百年的煙灰、粉塵，這會兒，都在彼此嘻嘻哈哈嘲笑對方「鼻烏嘴黑」，然後笑笑呵呵前往香溪河畔用冷水洗浴，甚至飯都沒吃一口，就揮揮手各自回家去了……

前來幫忙的親戚也不少。令我至今難忘的，就是前面提到的「凱西莫多」，我的姨表兄陳敷勝。老宅子左、右及後面，圍著一尺多厚的乾打壘土牆，因年代久遠變得又綿又硬，特別難挖除。陳敷勝是專程從黑蔭灣趕來幫忙的。他認不得幾個人，唯有憨笑著埋頭下死力氣幹活，鋤頭舉老高砸下，卻只摳落如核桃般大一點土塊。

我看他拼得太狠，幾次勸他歇會兒都不聽。他實在太忠厚，倒像「承包」了一樣，孤獨亡命地幹了兩天多，終於將土牆挖倒；那雙結滿老繭，如櫟樹殼一般粗糙的大手掌上，竟也磨出了好幾個大血泡……

起房子也用了三天。「掌脈師」是個年輕的泥瓦匠，同我們家是老街坊。他父親屬國民黨政權「縣團級幹部」，那會兒好像還關在沙洋勞改農場。他母親自從我母親嫁到縣城後，兩人關係一直要好，幾十年來親如姊妹。

俗話說：「起屋造船，徹夜不眠！」硬是分外的累人。土石、泥沙、木料、瓦塊、門框、窗扇，樣樣都得操心勞力去搬運來；一塊大土坯重四、五十斤，房子越往高處起，傳遞起來越費勁……整整六天時間，我們吃、住都暫借在別人家。母親既要操心用度，還得留神怕出意外；人也格外興奮。她除了忙碌二十多位幫忙人的伙食，有空兒就跑到工地上，這兒瞅瞅，那兒看看，拾遺補缺找著活兒幹——由於睡眠太少，眼眶呈黑褐色。

第六天中午，土坯房終於在舊宅基地上豎起來了。上大樑是新屋大功告成的標誌，還依照禮俗，掛了一小塊紅綢。釘椽子時，所有參與的人汗流浹背，仍笑呵呵樂著。等到蓋上最後一片黑瓦，太陽早落山，天色已經很昏暗……熱心腸的親朋吆吆喝喝快活，還燃放了一小串鞭炮祝賀。母親癱坐在新房子門前那亂蓬蓬一片狼籍的泥巴地上，也甜滋滋笑著，如釋重負，淚光在眼眶裏閃爍……

兩層樓的土坯新房子剛剛蓋起才兩、三個月，因暫時擠不出閒錢來買白石灰，內、外牆都還只抹了一層拌著穀殼、稻草的粗泥，我姐姐的大女兒，就在這空氣中溢新鮮泥土氣息、家徒四壁的新房子裏降生了。

如今，我的這個大侄女，早已大學畢業，在縣廣播局工作好多年了……

回首往事，人生真正如白駒過隙，一眨眼工夫，就是百年啊！

八十年代末，我那位在縣文工團拉二胡的妻子，因團裏不景氣，她又偏偏天生是個好高騖遠愛鬧騰的人，便利用閒暇時間，悄悄在娘家的山林裏搞了個小煤窯，前後只幹了半年左右，小賺了三萬多塊錢。

九一年，面對經濟快速繁榮、物質欲望日漸膨脹的社會環境，我們家也不能免俗，再一次地「大興土木」，將修起才剛剛十八個年頭的土坯房拆除，在原址上，重新蓋起了一棟占地八十多平米的火磚、混凝土結構兩層小樓。

上世紀八、九十年代的中國，可以說是個拆舊屋，蓋新樓的年代。緊傍香溪河的狹長老城內，忽如一夜春風來，次第聳

立起好多棟樣式新潮，功能現代的辦公大樓和住宅樓。古城牆早已經拆除盡淨，千百年來的泥巴街變成了平展展的柏油路。年輕人衣著五顏六色，活力四射；夕陽西下，上了年紀的老人們慢吞吞打著門球……絕大多數老百姓感覺到日子一年富過一年，社會環境一年比一年寬鬆。變化來得實在太快，有時候想想十多年、二、三十多年前發生的那些稀奇古怪事情，甚至都不敢相信……

而那棟黑瓦土坯小樓，作為我們家生活轉折的一個象徵，已深深銘刻在了心底，什麼時候都難於忘懷。我還記得，土坯房外牆塗抹的是細黃泥拌石灰漿調配的米黃色，還用鋼筋條壓了大方格，溫乎乎賞心悅目。門前小臺子四周圍著舊火磚砌就、攀滿綠油油爬山虎的欄杆。小臺子西北角種有兩株良種葡萄，葡萄架下是拉家常的好去處。仰面斜坐在木椅子上，透過枝葉縫隙，看藍天如湖水，雲卷雲舒，一串串紫葡萄在晚風中輕輕晃蕩……人的心情亦如藍天悠悠，亦如紫葡萄一樣，也在輕輕晃蕩哩！

工人們拆除土坯房子的那天，家裏人心情複雜，多少都有點兒留戀吧……等到黑瓦撤完，蒙塵的老椽子橇光，剩下那二十多根檁條呈「八」字形狀擱空蕩蕩的山牆兩邊，竟像遺址發掘現場剛出土的赤裸裸人肋骨！

我腳踩著斷磚破瓦，在土磚瓦房子那如廢墟般的二樓無目的轉悠，好多往事彷彿昨天發生的，在眼前如同過電影──可能一時走了神兒，腦袋竟撞到緊貼屋簷的一根檁條，頭皮頓時裂開約兩寸長血口，留下個永久性的紀念。

　　「十一屆三中全會」之後，父親離家二十年，終於可以同其他人一樣，不受歧視地回故鄉生活了。接著，失去音訊二十年的大舅，幾經周折，也終於聯繫上，聽說還擔任了那個擁有兩萬多名員工的瀋陽冶煉廠設備動力處處長。那段日子裏，母親內心的那個高興，簡直都無法用語言來形容！

　　正所謂「歡娛嫌日短」。很快，我們姊妹兄弟也都相繼成家，搬進了在各自單位分配的宿舍裏。接下來，一切似乎都步入正軌，人人都在屬於自己的範疇內忠實地工作，正當地奮鬥，小日子過得簡直如同在飛……幾乎不經意間，姐姐的兩個女兒，妹妹的兒子，我的兒子，先後都已經大學畢業，或考進了大學……

　　母親堅持要分灶另過，和父親住在一樓。她每天仍天明即起，伺候罷父親就去上班；仍習慣地步履匆匆走在街牙子上，習慣地微微低著腦殼……畢竟夢想成真，兒女們通過努力，都有了自己稱心的工作，母親的心情舒暢咧！

　　到我弟弟的女兒考入宜昌市夷陵中學時，母親已經從縫紉社退休了。她閒不住，擔心小孫女兒獨自在外，人生地不熟，執意要去宜昌照顧。父親由於一個人生活得太久，思想封閉，溶不進周圍紛繁的人事。他一直認為妻兒們只能以他為中心，一度堅決反對母親再去照料孫兒、孫女和外孫、外孫女這一輩。但這一次他沒有拗過，由於從不沾手柴米油鹽，更別說生火燒水炒菜作飯，只好極不情願地跟了過去。老倆口在距夷陵中學不遠一條窄街上租了間房，呆了差不多近半年吧。

　　那會兒，我兒子正在「三峽大學」讀大二，星期天偶爾也過來吃他奶奶作的飯菜，一併陪著奶奶說說話，或者到剛落成不久的夷陵廣場周邊轉轉。

　　兒子最愛他的奶奶，對奶奶由衷地敬佩。兒子說：「奶奶大度，能吃虧，走哪兒都人緣好，無論當面或背後，沒有不誇她老人家的。記得剛開始時，有個宜昌老太太，欺負奶奶是下面縣裏來的，平日裏盡在奶奶面前小奸小詐佔便宜，口氣還挺衝。一天，那老太太買了好多東西，騰不出手掏鑰匙；地上又髒淅淅的，東西根本不敢放。我陪著奶奶下樓，正巧撞上。奶奶忙跑過去接下東西，一臉兒笑寒喧：『您好早哇，去逛商場回來了？』那老太太尷尬地陪笑，打開房門後，還一個勁兒邀我們進屋喝口茶……」

　　談到他奶奶，兒子有一句感歎令我震撼；令我聯想到俄羅斯詩人涅克拉索夫的兩句詩：「為什麼我要哭泣，因為我愛得深沉。」本文開頭所引的我國人詩人艾青的那兩句著名詩文，可能也是從這兒化過去的吧。

　　兒子是這麼說的：「只要一想到奶奶，我就想哭……」

　　無論在家裏，或者在社會上，母親處事剛毅低調，大度從容；她的確配得上魯迅所稱讚的那一類人：「吃的是草，擠出的是牛奶……」

　　都市生活多姿多彩，光怪陸離。思想傳統的母親，仍能夠活出屬於自己的那份幸福，實在令人感佩。可以斷言：命運就算將她放逐到沙漠，她也會通過不屈的勞作，一聲不吭，持之以恆，也會經營出一小片綠洲來！

29

具有劃時代意義的改革開放，已經三十年了：社會和經濟，以驚人的高速度發展著，繁榮著；禁錮終於被打破，人們心情舒暢，意氣風發，生產力和創造力獲得了極大解放——物質生活的空前富足，令全世界都為之瞠目！

而我那位歷盡坎坷，性情溫和的二姑父，卻於八十年代中期，某個春天的夜半，同我的二姑一起，竟然狠心悄悄地服安眠藥自盡了……

同前面提到過的家族中那些個老人不同的是：這兩位風燭殘年老人之死，跟以往司空見慣的階級鬥爭或者政治運動所導致的悲劇，完全沒有半點牽連——促成這個悽愴故事的原因複雜，起決定性作用的，恐怕還是性格，或者說是二姑父的人性使然……

二姑父個頭一米七五以上，「國」字臉，膚色白淨，戴高度近視眼鏡，同誰說話都滿面微笑；聽人說話的時候，也總會彎著腰微微笑注視對方，言談舉止如謙謙君子。全國右派問題「平反」之後，二姑父愉快地工作了兩、三年，便退休了。他體質一向不錯，其實完全還可以再幹幾年。當初因為考慮到過去連累子女，虧欠子女太多，才提前退休，以便依照當時的制度，讓么兒子頂班，也算留了個穩當「飯碗」。

退休之後的二姑父仍整日碌碌，奔走於響灘村和縣城之間，除操持家務，忙碌一日三餐，與二姑舉案齊眉，相敬如賓之外，更多的，恐怕還是在盡其所能，為平衡早已各自另立門戶的子女間的利益關係而奔波吧。

正所謂「清官難斷家務事」，心地善良，行事迂腐的二姑
父知不可為而為之。除不厭其煩地調解、疏導之外，他還身體力
行，儘量作到「一碗水端平」，去照料分住在兒子或女兒家的未
成年的孫子、外孫。人們經常能看到這位清瘦高佻的戴眼鏡老
人，背上背繃褓中的孫子，一隻手牽着吖呀學語的外孫或外孫
女，另一隻手提剛購買來的時令果菜或生活用品，笑容可掬地與
人打招呼……那形象，在山城的街頭巷尾格外惹眼！

前面曾提到過：二姑父的家庭，在我們縣稱得「旺族大戶」
之一，百多年間，一直有不少親眷在海外發財。但儒雅、斯文的
二姑父，自成人後便教書。與同為「教書先生」的大姑父那尚帶
點政客心理和作派相比較，二姑父稱得更純粹，心無旁騖，且樂
在其中。他的教員生涯，一直到「反右」時給攆往林場裏勞動改
造，才被迫中止。

二姑父他們家的老屋，座落在「漢明妃王昭君故里」寶坪
村下游不遠處的響灘村，距古民居「陳白巖老屋」原址，亦不過
百步之遙。據說明、清之際，響灘村是河南、山西的馬幫、商戶
們，前往長江中、下游各碼頭的中轉必經之地，前前後後熱鬧了
百多年，遺留下好大一片薄頁青磚砌就、女兒牆高聳的古民居。

記得還是我讀初中的時候，因為失眠得利害，曾讓二姑父
接到他所勞動的小林場裏住了半個多月。大概因教書多年，二姑
父待我亦如小學生，洗臉或洗腳水端到床前，漱口的牙膏牙刷、
或換腳的拖鞋擱置在我手邊頭……步履雖然匆匆，落地卻輕盈無
聲。平日裏閒聊，也是輕言細語商量一般，循循善誘，並不將自
己的想法強加於人。

　　林場裏除幾位管理幹部，還有二十多個「右派」。後來我發現，二姑父待其他人，也都是這般細心，熱情，謙讓，只要力所能及，都會全力幫忙；就算偶爾受了窩囊氣，也不過咧嘴巴微微訕笑，並不太往心裏去……

　　二姑父就是這麼一位具有溫、良、恭、儉、讓品質的好人。他好像壓根兒就不會發怒，或者臉紅脖子粗地與人爭執——又有誰能料到：恰恰就是他，竟然會默默地幹出這麼極端的事情來……

　　二姑父自殺的外因，或者說導火索，主要是因為二姑的長年臥病。

　　二姑父退休之後，便回到離縣城約三公里的響灘村。剛剛過了大概三、五年較平靜的生活，二姑便病倒了。最初尚能夠攙扶著她下地走走，漸漸地，竟不能下床。這麼又折騰了兩、三年，到後來，連睡覺翻身都需要二姑父幫忙……

　　那段日子裏，我在上班的路上，經常能遇見進城來拿藥的、快七十歲了的二姑父。只見他人憔悴得好利害，待人仍那麼禮數周全，謙恭有加。當被問到二姑眼下的病情，他也只溫乎乎微笑，然後軟綿綿細細聲說道：「還好，還好。謝謝你們關心……」似乎倒蠻擔心可能給我的心裏添負擔。

　　二姑和姑父共育有二女三男，當初，因為活不下去，將一男送人做了上門婿，一女遠嫁到富裕的江漢平原……也許內心覺得自己當「右派」二十年，害得妻子受苦，兒女們受連累，心裏的壓力太大。作為工薪階層，二姑父一生清貧，又沒有太多閒錢來

補償兒女，唯有打腫臉充胖子，硬撐著默默勞作，所以才不願向任何人訴說吧？

有一天，我又和母親談起二姑父的情況。母親感歎說：「你二姑躺在床上吃喝好幾年，上廁所靠背，吃飯靠餵，自己一點都不能動彈，人倒是長白胖了。她也是實在睡得太難受，有時還要你二姑父背著在響灘村的石板窄街上走動，夜晚還得幫她翻好幾次身。你二姑父自己也是七十出頭的人了，也真難為他；年輕人都做不到那樣……」

到第二年初春某天清晨，他的兒子滿面淚痕，報噩耗來了……

二姑穿戴整潔，平靜地仰面躺在花被子下面，可能是給先餵的安眠藥，倒像睡得正香。二姑父手扒床沿，彷彿疲憊之極小憩；估計是拾掇好妻子之後，自己才喝；突然又惦記起什麼事兒，待忙活完，人已經爬不上木床……

也不能全怪兒女們只顧忙碌各自的家事，疏於關心……實在也怨二姑父過於克己，將歷史重負一個人扛著，到最後力不從心，只能這麼撒手去了……

接下來還想講一位老人，她便是我的岳母大人。

這位老人家則完全屬另一種類型，是那種健康單純、活潑開朗，只知道「愛自己」的人。老太太喜好往熱鬧的去處湊，隨心所欲，口無遮攔，而且能說會唱。即便是年輕客人來家裏小坐，她也會不甘寂寞地頻頻插話，年輕人說東她插西，鬧笑話也全然不顧。女兒有時阻止，她竟用「最高指示」進行反駁：「毛主席

說：『讓人說話，天又不會蹋下來』……」言談舉止極具個性，而且妙語如珠！

　　故事之一：有一天，岳母坐我們老宅子坎下、城關小學退休校長的家裏，陪著老倆口閒聊天。小學校長的兒子、媳婦也在屋子裏，不知為什麼，小倆口兒竟吵起來。校長太太起身勸幾句無效，便打了兒子一耳光。我的那位坐旁邊的岳母驚愕得站起來，大聲嚷道：「天啦，你怎麼打自己的兒子？你應該幫兒子，一起去打兒媳婦呀！」

　　故事之二：幾位退休老太太聚我們家門前的小壩子裏扯閒話。岳母忙湊過去，並很快成了主講。岳母說：「你們城裏怎麼老頭玩，婆婆做。我們家是老頭做，婆婆玩；我就做不來家務活。」老太太中還有位一九四九年前參加革命工作的女「離休幹部」，憤憤不平地頂撞道：「你一個農村主婦，又從來沒有工作，一輩子圍著灶台轉的人，怎麼會做不來家務？（然後用手指我母親）你看你的這位親家母，一個人又侍奉公婆，又養活兒女，縫女式便衣城關屬頭塊牌……」岳母一臉兒笑地打斷對方說：「親家母是大戶人家出身，當然能幹，要不怎麼會發財呢？我們小戶人家出生的哪有那本事？當媳婦後，我最喜歡在田邊轉悠，腿腳累了，想坐田埂上歇會兒，婆子忙著去折斷些小樹枝葉，拿給我墊屁股……」

　　故事之三是岳母快七十歲的二姑娘，親口對我講的。這位老姨姐比我妻子大十多歲，人蠻能幹，辦事情麻利，性情火爆得像個男人。據說「大饑荒」時，當煤礦工人的岳父，擔心家中的兒女挨餓，緊勒褲帶省下點糧，不時地托人捎回。岳母收到之後，

悶著頭只顧先行解決自己的饑餓，對娃兒因饑餓而啼哭竟充耳不聞。姨姐那年十六、七歲，在外面當民工修公路。前一年裏，兩歲多的唯一弟弟連病帶餓，已經死了，這會兒又聽說最小的妹妹也餓死了，於是慌忙趕回家。她發現母親的氣色倒無異樣，另一個而五歲多的小妹妹，也就是後來的我的妻子，已經又餓得奄奄一息了。姨姐找生產隊頭兒說明情況，將我妻子每月的那點口糧，不再分發給她母親，而由姨姐掌握安排。姨姐精打細算，我妻子才活下來……

　　我實在不能理解事情怎麼會這樣？曾問過岳母。岳母倒坦然，笑嘻嘻說道：「我還只餓死了一個女兒。有一家，餓死了五個，老的小的都餓死了……」

　　雙引號內的「岳母語錄」，基本都是原話照抄。她特別能聊天，類似的話還有很多。正所謂「人上一百，種種色色」，生活中的故事，遠比虛構的小說更精彩！

　　自從礦工岳父死後，岳母跟著我們，已經生活快二十年了。她我行我素，榮辱不驚，耳聰目明，特別牙好；飯熟了撿起筷子，吃飽了推開空碗，然後，便開始斥責我這個女婿太懶，沒作到「老頭做，婆婆吃」，然後就自誇：「你也沒什麼文化。我讀過八本書……」再然後便出門轉悠，從街頭走到街尾，串了東家，再串西家；一口氣六層樓爬幾個來回也不腿酸，受冷落遭頂撞後仍笑笑呵呵，從不往心裏去……

　　岳母八十八、九歲時，沒一點前兆，眼睛突然瞎了。瞎了的岳母再也挪不動窩，遞到手上吃，遞到手上喝，吃罷喝罷，就唱「五句子情歌」。

　　如今她已經九十多歲，每天唱情歌時間在六小時以上。她中氣足，嗓門大，怕人家聽不見似的，而且天天如此，嗓子從不見沙啞。她唱的「五句子」，多數太直白，且有色情之嫌。下面抄錄幾首乾淨些的：

蜂兒長得腰身細，
一翅飛到姐懷裏。
叫起姐兒莫打我，
我是前來采花的，
要與姐兒相交起！

太陽出來照白岩，
妹睡牙床沒起來。
去年的相思還沒好
今年又把相思害，
恨不得挑起相思賣！

白銅煙袋杆子長，
見郎呼煙妹要嘗。
郎呼三口遞給妹，
妹呼三口遞給郎，
口口涎水賽冰糖！

30

前些天，我同母親、大舅，又聊起陳年往事。父親對我曾問及他年輕時參與「三青團」宣傳工作一事，內心可能一直壓抑著怒火。突然，他臉色鐵青，衝著我斥責說：「這事兒已經平反了呀？你這麼寫，莫非要證明我有歷史污點，是個壞人囉！」

我目瞪口呆，完全不敢相信這位曾經的中學政治教員，竟然會如此看問題！

遠安縣寄過來的那兩份平反檔我都看過，一份說他不構成「反革命罪」，另一份說不夠劃「極右派」。但父親被判刑六年，在沙洋勞改農場呆了二十年！可憐的母親，作為「極右派兼歷史反革命雙料貨」的老婆；我們作為「極右派兼歷史反革命雙料貨」的子女，二十年飽受白眼，歷盡艱辛……這一切，都是發生過的事情呀！

更何況，即便如大姑父那樣的被特赦「國民黨縣團級幹部」，也不能因他曾為舊政權工作過，就簡單地評判說是壞人。父親在想什麼？他怎麼會是這樣一個人？！

父親被關進牢房那年，我才八歲。一九七八年，父親終於能以「好人（相對有『歷史污點』的『壞人』而言）」身份，與家人同住一個屋簷下時，我已經二十九歲，已經是有著八年工齡的某小煤礦採煤工了。

平心而論，我對父親雖然不及對母親那般敬重，但父親在繪畫和古詩詞等方面的功底，我一直還是十分欽佩的。父親自「抗戰」後期從恩施「湖北省聯合中學」畢業，到一九五七年被劃為

「極右派」，先後在小學或者中學裏教了十多年的音樂、美術、政治、語文。由沙洋勞改農場回來之後，父親先被安排在縣文化館，沒幹兩年，又調整到中學去了。二十年後重新工作，他似乎並沒有煥發出什麼熱情，不過鬱鬱地勉強做著，到後來，也不知為什麼，還沒到年齡就乾脆退休了。

如今，父親退休已經又三十年了。他吃罷飯，將空碗、筷子一推，倘若無人來邀約打麻將，多半時候就是在「水寫紙」上練毛筆字。父親寫得一手不錯的字，卻過於迷信如民諺所云的「字怕上牆」，害怕聽別人對他的字指指點點評頭品足。三十個春節，無論兒女們怎麼央求，他硬是沒有給家裏寫過一副春聯。

提前退休之後，可能是職業習慣，父親特別愛訓導一些小學生都能倒背如流的人生道理。本來嘛，家人之間說說笑笑，犯不著太較真。父親只承認自己的真理，眼睛只盯住對方身上的不足，而且過於敏感、虛榮，常常是興致勃勃聚一起，到頭反而弄得都掃興。漸漸地，只要偶爾和他坐一塊兒，誰都沒有了輕鬆交流的欲望⋯⋯

於是，父親又買來幾本英語、日語、法語詞典，閉門家中自學。那陣子，他掛嘴邊的話就是：「我活得蠻充實。我幾多忙，每天要做的事情，排得滿滿的！」

父親堪稱這世界上最純粹的「腦力勞動者」，修長的大手完全不沾家務活。平日酒足飯飽之後，他搬一張籐椅、一隻擱茶杯的方凳，手捧英語詞典坐小院中央，搖頭晃腦地小小聲頌讀。身邊蜂窩煤爐上燒的水開了，他瞟一眼，喊道：「水開了！」間隔

約半分鐘，再喊一遍：「水開了！」然後就由它去，水壺底燒穿也絕不再理睬。

為這事兒，我曾說過母親：「大家都在上班，爸爸也可以幫忙灌一下開水嘛！」反而遭母親斥責：「不要你管。他一輩子都這樣，到老來還要你教？」

為什麼學英語、日語、法語？學了後打算幹什麼？這一切，父親壓根兒沒想過。《跟我學》、《新英漢詞典》、《詳解日漢詞典》、《法語入門》等工具書，恐怕不過只是當「虎皮」以嚇唬外行人，當他「活到老，學到老」的證據。父親其實哪受得鑽研學問所必須的寂寞？只要有人上門來邀約打麻將，他便像厭學的娃兒終於盼到了下課鈴，立刻丟了詞典樂呵呵前往。上牌桌後，父親手舞足蹈，喳喳呼呼，麻將牌拍得山響；有時候整大整天地打，仍興味盎然，並不覺虛度光陰……

最有趣的是：我那讀大三、大四的姪女和兒子，英語都通四級或六級了。父親只要看到他們，便「古得貓林」、「西斯艾狗」一陣嚷嚷，還要求：「用英語回答我！」令姪女和兒子哭笑不得。父親卻一而再，再而三，樂此不疲……

更有甚者：我們姐妹兄弟四人，上中學時學的不過是《俄語》，英語字母都認不得幾個。偶爾回家，倘若父親沒打麻將，而且興致好，經常喜歡用「虎已賊」（who isit 誰呀？）、「好晚得佛」（How wonderful 好美呀）、「嘍配乙嘍給乙」（Ho pain no gain 不經一事，不長一智）等剛背來的日常英語打招呼或者說教。姐姐說：「您這是對牛彈琴。」父親便會仰起頭一陣大笑，樂滋滋怡然自得……

　　母親對父親的過份溺愛，讓作兒女的看得簡直難受。但母親堅持要這樣對待，我們也不敢傷母親的心。比如，由於母親人緣好，每每逢年過節，親友們都會送上好多香煙、白酒等等禮物。平日一張桌子吃飯，父親倒浸有人參的補酒或名牌瓶裝酒，母親倒本地小作坊私釀的廉價白酒。父親偏偏又喜歡眩耀，端著黃亮亮的人參酒，還笑眯眯說：「我這個人，要喝就喝最好的！」看著父親、母親面前擺兩樣的酒，真讓人不舒服啊！

　　抽煙也一樣，父親抽《中華》、《紅塔山》等價錢貴的，母親則會拿貴煙去小店鋪換幾條廉價煙回來一個人抽。無論我們如何勸阻都沒有用。母親也許是習慣了吃苦和忍讓，她常說：「只要看到你們過得好，我就是吃糠咽菜，心裏也舒坦。」

　　父親常掛嘴邊的話蠻漂亮：「你們要對母親好，沒有她，這個家早散了……」且不說父親哪怕象徵性地分擔一丁點日常瑣事，只說這抽煙、喝酒，就算是母親的意願，想想母親那些年獨自所遭受的苦難，他怎麼能忍心坦然享用，怎麼咽得下去？

　　記得二姑父獲「平反」之後，所做的第一件事就是，請匠人精工製作了一塊紅底金字匾額，恭恭敬敬送給二姑。匾額上的「家族功臣」四個字，還是二姑父請他妻弟、也就是我父親寫的。二姑父「勞教」的小林場，離他的家響灘村不過七、八裏地；就是在「勞動教養」期間，每逢星期天或節假日，他都還回去幫二姑操持家務。而父親二十年遠在千里之外的沙洋勞改農場，刑滿後進「新人隊」工作應該有點薪水，也沒見他往家中捎過一分錢……

替二姑父寫「家族功臣」四個字時，父親心裏是否也閃過一絲絲內疚？不得而知。但「平反」後這三十年，他在家中唯我獨尊，沒見半點改變。

還有一件事情，雖然已過去二十多年，閉上眼睛就歷歷在目，讓我覺堵得慌。

那是我剛調進縣文化館不久。是春節前吧，館裏分了三麻袋木炭。前面介紹過，我們家老宅子緊傍西城牆廢墟，建在山腳一處高臺上。木炭從膠輪車上卸下，母親就跑來幫忙。一大麻袋木炭一百多斤重，臺階曲曲彎彎，又長又陡。第一袋抬到大門口，我和母親已經累得呼哧呼哧直喘粗氣。我伸直腰，才發現父親脖子上圍羊毛長圍巾，筆直站在門前小嘴子中央，止漠然地打量著我們。母親幹活兒習慣一鼓作氣，甚至沒工夫望他，匆忙拉我又下去抬第二袋，又抬第三袋。母親和我都累得大汗淋淋，臉紅脖子粗……

衣冠楚楚、頭髮梳得溜光的父親，自始至終背著拿報紙的手，自始至終，嚴肅地居高臨下，就這麼袖手旁觀，看著我們母子弓腰如對蝦，跟跟蹌蹌上下奔忙……

其實他體質一向不錯，力氣也大，栽盆景的小瓦缸，植株帶土，怕有六、七十斤重，他搬上搬下，粗氣都不喘。我真弄不明白：一個大男人，為什麼只要稍稍能起點兒實際作用、或者說對他人（包括妻兒老小）有點實質性幫助的事，他一律不屑於幹。那天我真壓抑了一肚子的火，剛開口嘟囔，又挨了母親一頓訓斥。

一九九一年，我們拆了土坯房蓋火磚混凝土小樓，前後怕有三個多月。一家人忙前忙後，一個個經常灰頭土臉的。唯有父

親仍西裝革履，渾身不沾一點兒灰塵。他也真作得出來：手捧書卷站亂哄哄的小院中，偶爾還會因疾匆匆來去的工人妨礙了他讀書，而輕輕皺一下眉頭。當三樓的預製板剛蓋上，父親便爬到三樓上去了。書卷仍握在手中，他腰板挺筆直，孤零零地在樓頂預製板上踱方步。若有鄰居從屋旁的小路上仰頭寒暄：「恭喜恭喜！小洋樓蓋得真漂亮啊！」父親便會將胸膛挺得更高，並不望鄰居，而是望著藍天打哈哈：「一般一般。哈哈哈，等內外牆都粉刷之後，可能會更好看一些吧……」

　　父親雖然極要面子，一旦遇到非常情形，卻常常沒有半點承擔責任之心。記得是一九七六年，那會兒我還在談戀愛。我那位未來的礦工岳丈，因不願與「極右派」家庭結親家，有一天，曾在喝得半醉之後上門尋釁鬧事。那天我們都上班去了，家中只剩下父親、母親。礦工岳丈仗著酒興，瘋子一般衝父親撲過來。母親因擔心丈夫受傷害，本能地衝上前阻擋。岳丈雖然蠻橫，也明瞭「好男不和女鬥」的古訓，使勁推開母親，撕打著又朝父親撲去。母親明知自己的力量遠不如對手，一次次被推得趔趔趄趄，仍一次次撲上前；直到看見父親一臉茫然逃出大門，才匆匆脫身跟去，陪著父親去了姐姐家……

　　那一次，氣急敗壞的岳丈大鬧天宮，把我們家裏砸了個浠巴爛之後，才一個人悻悻離開……後來我找派出所一民警朋友說了這事，由他去訓誡了一些相關法律。礦工岳丈對政府機關還是畏懼的，沒再來鬧事了。這次衝突，健壯的父親毫髮無損，而瘦弱母親的手臂上，卻留下了一道道紫痕……

　　幸運的父親，自幼受爺爺婆婆嬌慣，成家之後為母親所仰慕、尊敬、溺愛、同情、保護，除被囚在沙洋勞改農場那二十年之外，幾乎一直輕飄飄懸浮在半天雲裏……我們漸漸都看習慣了。換個角度想，母親不也正是這般寵愛她的兒女們嗎？

　　比如說我，從小愛讀書，愛寫寫畫畫，還有那麼點兒鑽勁。母親一個人再忙再累，也是事無巨細盡可能一手包攬，怕我不能專心致志，而影響前程……我現在尚可以作些諸如洗衣、做飯、買菜等家務活，還是結婚之後，在妻子的高標準、嚴要求訓練下，經好多次的歷練，衝突，才慢慢學了點兒。

　　三十年又飛快過去了。父親的英語，仍停留在最開始的「山得貓林」水平上；《跟我學》、《新英漢大詞典》、《詳解日漢詞典》《法語入門》等工具書，依然同那幾本厚厚的民國版《詞源》、《中功入門》、《養生之道》等等書籍一起，擺在父親小書櫃的最顯眼處，早已經落滿了灰塵。一些退了休的老頭、老太們，習慣性地不時仍過來邀約他打麻將。有人上門，父親便情緒高亢，畢竟老了，喳呼聲略嫌沙啞，麻將牌再也拍不出從前的那般脆響。

　　由於融不進家庭生活，父親為打發寂寞，在水寫紙上練書法還勉強堅持著。早年買的那八、九張水寫紙，已經皺皺巴巴。父親飽蘸清水，寫一張，往地上擺一張，待到厚紙全給擺地上時，第一張上的「水字」已消失，於是拿上桌又蔫蔫地繼續寫……

　　突然，普希金的一首詩浮上腦海，用來概括父親，只須改開頭兩個字：

「浪漫（父親）的生活啊，是水寫的文字，

　一邊寫著，一邊沒了，白攪動些痛苦的漣漪……」

　　我的老師易中天先生（我曾在武大中文系脫產進修過兩年，易先生教我們《美學》），在《品三國》時講過一個現象：湖北方言，稱女性的乳房為「媽媽兒」（我們這兒如今仍這麼說），接著，就說了那句地球人都知道的「有奶便是娘」。

　　易先生的意思我理解，這裏的「奶」應該是指付出——付出才有回報，才配得上「媽媽」的榮光、偉大和驕傲！

　　父親沒有朋友，只能呆在家這個避風的港灣裏。即便在家人面前，父親只要睜眼，為捍衛那沁人骨髓的「唯我獨尊」，防備可能挑戰的人，沉甸甸的無形「盔甲」便披上了……也許實在太累吧，他倒是能睡，隨便歪沙發上就很快入夢。

　　父親的坎坷，既是時代使然，更是性格的悲劇。從這個角度講，我同情他老人家。

31

　　陳年舊故事寫到這兒，差不多也該結束了。因為與父親之間的交流存在困難，有關父親先輩的一些情況，瞭解得太少，的確遺憾。

　　進入二十一世紀之後，經濟的超高速發展，從根本上改變了人們的生活。記得「大躍進」時期有句口號，叫「一天等於二十年」！用來形容自鄧小平先生提出「改革開放」政策後的當代中國，倒是蠻恰如其分。即便如我們這座地處神農架大山皺褶裏的小縣城，也早已經舊貌換新顏：街道鋪了柏油，廣場上噴泉晶瑩；裝飾有玻璃幕牆的高樓，輝映著四周的巍峨青山，和藍

天上的朵朵白雲！每當華燈初上時分，老頭、老太太們擺成方陣，悠閒自在，扭擺著健身操；花枝招展的姑娘、小夥們，活力四射，張狂地跳著勁暴街舞……變化實在太快，五彩紛呈，令人目不暇接！

如今，我們姊妹兄弟亦先後退休了，在這如花園般的新縣城裏，都擁有了屬於自己的新居。八十多歲的母親時常感歎說：「我們平常這飲食，六十多年前的鄉下土地主們，逢年過節都吃不到這麼好！」

母親可謂知足常樂。令她老人家唯一不滿意的是：在北京工作的孫子，在廣州工作的孫女，還有英俊帥氣的外孫，和兩個文靜漂亮的外孫女，都或先或後，大學畢業好多年了，一個個還如娃兒般傻乎乎樂呵，至今仍未成家。

物質生活空前富足，單純的物欲無處不在，而且是那麼無所顧忌地洶湧澎湃著；人群如螞蟻一般熙熙攘攘奔忙，看哪兒都是名利場！競爭太劇烈，誘惑太多，浮躁幾乎成了常態，生活在其中的人們，活得似乎也並不輕鬆……

回望過去，那些發生在已經死去、或者還幸福活著的親人們身上的小故事，可以說是歷史在偶然出現在它道路上的一些人身上的反映。

離合悲歡，天下事如斯而已……

從一九一一年到一九四九年……

從一九四九年到一九七八年……

從一九七八年到二〇〇九年……

歷史長河大浪淘沙，洪波洶湧，何其壯偉；而形形色色的單個的人又何其渺小……「除是無身方了，有生常有閒愁」，又何足道哉？

一位北大經濟系教授曾說：「政治是一個個短期的話題。」令人感慨良多。

我想：根植於百姓心底的善良、正直、對弱者的同情、對美好的渴望等等情感，自從人類開始用兩條腿走路，便擁有了，而且會一直長存並發揚光大下去吧。

耳邊就響起了泰戈爾的詩句：「讓死者有那永恆的名，但讓生者有那永恆的愛。」

我蠻喜歡這兩句詩。

2008 年 4 月～6 月初稿
2009 年 8 月 15 日～21 日二稿
2010 年 5 月 16 日～22 日改定
於高陽鎮簞瓢軒

史地傳記類　PC0169

家族記憶
──百年家族的文革歷史實錄

作　　者/昌　言
責任編輯/林千惠
圖文排版/陳宛鈴
封面設計/王嵩賀

發 行 人/宋政坤
法律顧問/毛國樑　律師
印製出版/秀威資訊科技股份有限公司
　　　　114台北市內湖區瑞光路76巷65號1樓
　　　　電話：+886-2-2796-3638　傳真：+886-2-2796 1377
　　　　http://www.showwe.com.tw
劃撥帳號/19563868　戶名：秀威資訊科技股份有限公司
　　　　讀者服務信箱：service@showwe.com.tw
展售門市/國家書店（松江門市）
　　　　104台北市中山區松江路209號1樓
　　　　電話：+886-2-2518-0207　傳真：+886-2-2518-0778
網路訂購/秀威網路書店：http://www.bodbooks.com.tw
　　　　國家網路書店：http://www.govbooks.com.tw
圖書經銷/紅螞蟻圖書有限公司
　　　　114台北市內湖區舊宗路二段121巷28、32號4樓
　　　　電話：+886-2-2795-3656　傳真：+886-2-2795-4100

2011年9月BOD一版
定價：270元
版權所有　翻印必究
本書如有缺頁、破損或裝訂錯誤，請寄回更換

國家圖書館出版品預行編目

家族記憶：百年家族的文革歷史實錄 / 昌言作.
-- 一版. -- 臺北市：秀威資訊科技，
2011.09
　面； 公分. -- (史地傳記類 ; PC0169)
BOD版
ISBN 978-986-221-795-5(平裝)

1. 昌言　2. 回憶錄　3. 文化大革命

782.887　　　　　　　　　　　100013084

讀者回函卡

感謝您購買本書，為提升服務品質，請填妥以下資料，將讀者回函卡直接寄回或傳真本公司，收到您的寶貴意見後，我們會收藏記錄及檢討，謝謝！
如您需要了解本公司最新出版書目、購書優惠或企劃活動，歡迎您上網查詢或下載相關資料：http:// www.showwe.com.tw

您購買的書名：_____

出生日期：_____年_____月_____日

學歷：□高中 (含) 以下　　□大專　　□研究所 (含) 以上

職業：□製造業　□金融業　□資訊業　□軍警　□傳播業　□自由業
　　　□服務業　□公務員　□教職　　□學生　□家管　　□其它_____

購書地點：□網路書店　□實體書店　□書展　□郵購　□贈閱　□其他

您從何得知本書的消息？

　□網路書店　□實體書店　□網路搜尋　□電子報　□書訊　□雜誌
　□傳播媒體　□親友推薦　□網站推薦　□部落格　□其他_____

您對本書的評價：(請填代號　1.非常滿意　2.滿意　3.尚可　4.再改進)

　封面設計____　版面編排____　內容____　文／譯筆____　價格____

讀完書後您覺得：

□很有收穫　□有收穫　□收穫不多　□沒收穫

對我們的建議：_____

_____

_____

_____

11466
台北市內湖區瑞光路 76 巷 65 號 1 樓

秀威資訊科技股份有限公司　　　收

BOD 數位出版事業部

....

（請沿線對折寄回，謝謝！）

姓　　名：_____　年齡：_____　性別：□女　□男

郵遞區號：□□□□□

地　　址：_____

聯絡電話：(日) _____ (夜) _____

E-mail：_____